コミュニケーション科叢書④

コミュニケーション 34の力

【改題】
小学生が作った
コミュニケーション大事典

コミュニケーション 34 の力

1	あいさつ力	12	質問力	23	「報・連・相」力
2	返事力	13	コメント力	24	話題力
3	表情力	14	リアクション力	25	説明力
4	笑顔力	15	滑舌力	26	具体化力
5	うなずき力	16	「出す声」力	27	短文力
6	あいづち力	17	計画力	28	「間」力
7	目線力	18	リサーチ力	29	反論力
8	姿勢力	19	構成力	30	語彙力
9	ボディランゲージ力	20	リハーサル力	31	ふれあい力
10	メモ力	21	振り返り力	32	ユーモア力
11	傾聴力	22	会話力	33	単独力
				34	方言力

著　北九州市立香月小学校　平成17年6年1組34名
監修　菊池省三

中村堂

新版「コミュニケーション34の力」の刊行にあたって

　2014年4月に発行した「小学生が作ったコミュニケーション大事典　復刻版」を、このたび、「コミュニケーション34の力　（コミュニケーション科叢書④）」と改題して新たに発行することにいたしました。
　この本は、以下のように歴史を重ねました。
2006年3月「小学生が作ったコミュニケーション大事典」（あらき書店/A4判）
2014年4月「小学生が作ったコミュニケーション大事典　復刻版」（中村堂/B5判）
　そして、今回、書名を改めての発行となりました。
「復刻版」発行後、全国の教室ではもちろんのこと、社会人の研修の場などでコミュニケーションを学ぶテキストとしても大いに活用していただきました。
　作成してから間もなく20年が経とうとしている本書が、ますます輝きを増して、多くの方々に手にしていただけることをとても嬉しく思っています。
　復刻版発行時に書いた「刊行にあたって」を一部省略して再掲いたします。

令和6年9月　　菊池　省三

復刻版の刊行にあたって

「コミュニケーション大事典」
　34人の子どもたちが、9年前に学習の成果をまとめた本です。一人ひとりがテーマを持って調べ、各自がまとめ、それを1冊の本にしたのです。
　当時、新しく入った「総合的な学習の時間」を中心に、半年かけて取り組んだ「学習」の成果として、出版という形で世に問うた1冊の本です。
　小学生では初めての挑戦と言われました。
　その頃の教育界は、「『ゆとり』か『学力』か」・・・学力観が、大きく2つに揺れ始めていた時でした。
　教室にいた私は、「どちらも大切」という考えでした。そんなことは、当たり前のことだと思っていました。
　中央で行われているそのような議論なんかよりも、目の前の子どもたちの事実とその成長が大切でした。限られた時間の中で、子どもたちのやる気を育て、子どもたちの学ぶ力を育て、これからの時代に必要な価値ある人間を育てたいと強く思っていたからです。
　出版後、この本は、多くの方に支持されました。
　地元の小さな書店から出させていただいたのですが、全国から問い合わせが

ありました。書店には並ばなかったのですが、ネット上でも話題になり、注文が殺到したのです。

　テレビの全国放送でも取り上げられました。

　地元の大手企業の新人研修のテキストにも採用されました。

　国語教育界の授業名人と言われる野口芳宏先生からも、

「この本は、昭和の綴り方教育に匹敵する平成の作文教育だ。この本は、名作だ」

　といった有難いお言葉もいただきました。

　手にしていただいた方からも、

「この本は、コミュニケーションの教科書です」

「人生で大切なことは、小学校の教室にあると確信しました」

　などといった、うれしいお便りをたくさんいただきました。

　あっという間に手元からこの本は、なくなっていきました。

　うれしい出来事でした。

　そして、時が過ぎるにつれて、

「どうしても読みたいのです。在庫はないのですか。復活させましょう」

「もう発刊されないのですか。どうしても読みたいのです。多くの人が待っています」

といった復刊を期待する声が、私の耳に届いてくるようになりました。

　しかし、私には、「そのような機会があればいいのですが・・・」

　このように答えるしかありませんでした。

　そんな時、当時から私の実践を応援していただいていた中村堂・中村宏隆氏から、「復刻版を出しませんか」とお声をかけていただきました。その時、「コミュニケーション大事典」を手にして小学校を巣立っていった34人が、私の心の中に鮮やかによみがえってきました。そして、復刊できることを、素直に喜びました。

「菊池学級」の原点とも言えるこの本を、再び世に問えるチャンスをいただいたからです。

　今回の復刊に際しては、中村宏隆、あきご夫妻には、多大なご配慮をいただきました。感謝の気持ちでいっぱいです。ありがとうございました。

　今でも色褪せていない子どもたちの学びの事実が、この本の中にはあると思っています。

　人と人とのつながりの大切さが叫ばれている今だからこそ、キラキラ光る子どもたちの心と声を多くの方に受け止め、考えていただきたいと思っています。

　それだけの価値が、この本にはあると信じています。

平成26年3月1日　　　　菊池　省三

はじめに

　みなさん、初めまして。

　私たちは、北九州市立香月小学校6年1組の34名です。

　今回は、世界初（！？）の『小学生の出版』に挑戦してみました！！

　『私たちの本』ができるまでに取り組んだこと、そこで学んだことはいろいろあります。

　この取り組みの中で、たくさんの方が、私たちの学びに協力してくださったのです。そのおかげで、テレビ局のアナウンサーにインタビューしたり、新聞記者に逆取材したり・・・、その他にも図書館司書に学びに行ったり、元女子バレーボール全日本代表選手横山樹理さんに突撃インタビューしたりすることができたのです。

　たくさんの方との出会いがありました。すべてのみなさんに心から感謝しています。

　テレビからもたくさんのことを学ぼうとしました。たくさんの番組をビデオにとって、「コミュニケーションの達人」から多くのことを学ぼうとしたのです。人気タレントの明石家さんまさん、タモリさん、人気女優の伊東美咲さん…。キャスターとしても有名な古舘伊知郎さん、ユニセフ親善大使としてもご活躍されている黒柳徹子さん…。そして、なんと！！小泉純一郎総理大臣からも学ばせていただきました。

　大人が読む本にも目を通して調べたり、自分の担当するコミュニケーション能力に関するゲームを作って実験したりもしました。いろんな角度から「研究」したのです。

　調べたことをまとめる活動もがんばりました。何日もかかりました。原稿が完成するまでに、下書きを何枚修正して書いたことか、何度パソコンに打ち直したことか・・・。

　大変でしたが、できあがった『私たちの本』を想像して、くじけずにやり通しました。

　学んだこともたくさんあります。ここには書きつくせないぐらいです。例えば、みんなで協力して作り上げていく楽しさ、できあがった時の喜び・・。4月から中学生になる私たちには、いい思い出のアルバムの1ページとなりました。「大人になってもこの時の・・・、この本を作って完成した時の、完成するまでの、喜び、がんばりを忘れないで、『他者』とのよりよい関係を築いていける人になろう」と私たちは思っています。

　最後に、この本を手にとっていただいてどうもありがとうございます。

　私たち34人の熱い学びの姿が少しでもみなさんに伝わるとうれしいです。

　　　　　　　　　　北九州市立香月小学校6年1組を代表して　久我　朋子

コミュニケーション34の力
【改題】小学生が作った　コミュニケーション大事典

も く じ

新版「コミュニケーション34の力」の刊行にあたって　菊池省三　‥‥‥‥‥　3

はじめに　久我朋子　‥‥‥‥‥‥‥‥‥‥‥‥‥‥‥‥‥‥‥‥‥‥‥　5

第1章
1．6年1組学級紹介
○コミュニケーション能力を育てる学級　森山姫子　‥‥‥‥‥‥‥‥‥　11
・一歩前にふみ出す　　　　　　　　　田頭ひとみ　‥‥‥‥‥‥‥‥　12
・最優秀賞〜不安と緊張をのりこえて〜　池尻有希　‥‥‥‥‥‥‥‥　13
・ディベートで学んだ価値あること　　日髙利行　‥‥‥‥‥‥‥‥‥　14

○学級の特徴　〜朝日新聞記事から〜　青木彩香　‥‥‥‥‥‥‥‥‥　15
・「元気なあいさつ連盟」
・「1秒の重さ　かみしめ」
・「『1＋1』から伸びる力」
・「めざせディベートの達人」
・「学級日記をメルマガで」

　○私たちの学級の「歴史」

第2章
2．コミュニケーション34の力　　　　　‥‥‥‥‥‥‥‥‥‥‥‥‥　23
　1．あいさつ力　　　　　藤原麻奈美　‥‥‥‥‥‥‥‥‥‥‥‥　25
　2．返事力　　　　　　　今井知恵　　‥‥‥‥‥‥‥‥‥‥‥‥　29
　3．表情力　　　　　　　吉田彩花　　‥‥‥‥‥‥‥‥‥‥‥‥　33
　4．笑顔力　　　　　　　堀江夢愛　　‥‥‥‥‥‥‥‥‥‥‥‥　37
　5．うなずき力　　　　　青木彩香　　‥‥‥‥‥‥‥‥‥‥‥‥　41
　6．あいづち力　　　　　三宅彩香　　‥‥‥‥‥‥‥‥‥‥‥‥　45
　7．目線力　　　　　　　金山侑樹　　‥‥‥‥‥‥‥‥‥‥‥‥　49
　8．姿勢力　　　　　　　山下由依子　‥‥‥‥‥‥‥‥‥‥‥‥　53
　9．ボディランゲージ力　江田千亜紀　‥‥‥‥‥‥‥‥‥‥‥‥　57
　10．メモ力　　　　　　　日髙利行　　‥‥‥‥‥‥‥‥‥‥‥‥　61

11. 傾聴力	井口和彦	…………………………	65
12. 質問力	窪田玲依良	…………………………	69
13. コメント力	中村　心	…………………………	73
14. リアクション力	森山姫子	…………………………	77
15. 滑舌力	小田恭平	…………………………	81
16. 「出す声」力	甲斐田奈央登	…………………………	85
17. 計画力	吉田稚菜	…………………………	89
18. リサーチ力	佐野拓磨	…………………………	93
19. 構成力	羽生宏樹	…………………………	97
20. リハーサル力	内野侑妃	…………………………	101
21. 振り返り力	藤川優梨	…………………………	105
22. 会話力	中村祐樹	…………………………	109
23. 「報・連・相」力	森　康平	…………………………	113
24. 話題力	田中七津美	…………………………	117
25. 説明力	古賀俊貴	…………………………	121
26. 具体化力	石松京介	…………………………	125
27. 短文力	阿部　淳	…………………………	129
28. 「間」力	戸田万耶	…………………………	133
29. 反論力	白川稜也	…………………………	137
30. 語彙力	谷龍太郎	…………………………	141
31. ふれあい力	田頭ひとみ	…………………………	145
32. ユーモア力	前澤智弘	…………………………	149
33. 単独力	久我朋子	…………………………	153
34. 方言力	池尻有希	…………………………	157

おわりに　　江田千亜紀　………………………………………… 162

おもな参考文献
執筆者一覧
監修者紹介

第1章
私たちの学級紹介

34人、みんなでにっこり。小さなコミュニケーションの達人たち。

1. コミュニケーション能力を育てる私たちの学級

「自分の言葉に責任を持ち、積極的な人になる。」
と、私はある日の日記に書きました。そんな私のいる6年1組は「言葉」を大切にしているクラスです。返事を大きな声でしたり、あいさつを誰にでも元気にしたりというのは当たり前。

もっともっと上のレベルにいけるようにと毎日努力の連続です。例えば、スピーチ、インタビュー、話し合い、ディベート、語り、・・・・コミュニケーションの力を伸ばすためにさまざまな取り組みをしているのです。「言葉」が生きる学級をめざしているのです。

そこで、日々のさりげない取り組みをちょっと紹介・・・。
一つ目はあいさつ。朝、ちょっと遅れてきた友達に・・・。みんなで、
「おはようございます！！！」
と大きな声であいさつ。『誰に対しても』です。

二つ目は返事です。先生に、
「○○君！！」
と呼ばれると・・・。
「はいっ！」
と元気に返事をします。（小さな「っ」を忘れずに・・・）声が小さかったり、聞こえなかったりするともう一度。

どうですか？こんなふうにコミュニケーションの基本となるあいさつ、返事の力を伸ばしています。毎日、この取り組みをしていると、地域の人に気持ちのいいあいさつができるようになったり、どこでも誰にでも礼儀正しく返事ができるようになってきたりしました。

そして、後で詳しく紹介するスピーチやディベートの力も確実に伸ばしていきました。

いろんなディベート大会やコンテストにも参加をし、素晴らしい成績を残しているのです。

この本で、少しでもそんな私たちのがんばり、成長が伝わるととてもうれしいです。

　　　　　　　　　　　　　　　　　　　　　　　　　　森山　姫子

第1章　私たちの学級紹介

第1章 私たちの学級紹介

『一歩前にふみ出す』

「第16回西日本地区大人と子どもの語りべ大会」に参加した。自分の好きなお話を、人前で5分以内で語るという大会だ。もちろんお話は暗記しておかなければいけません。
「田頭さんも出るよね。」
という菊池先生の一言で参加することになったのだ。（先生に言われたら‥断りきれないから‥）その語りべ大会のことを3つ書く。

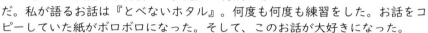

　1つ目は、がんばったことだ。放課後に残って一生懸命練習をした。平日だけではなく、本番数日前の日曜日には近くの公民館でも練習した。先生の特訓があったのだ。私が語るお話は『とべないホタル』。何度も何度も練習をした。お話をコピーしていた紙がボロボロになった。そして、このお話が大好きになった。

　2つ目は、身ぶり手ぶり、声の出し方のことだ。先生にアドバイスをもらった。例えば、
1．会話の時は、その場の人物が会話をしているように体を左右に動かす。
2．目線はまっすぐ前に向けるだけではなく、会場の周りの人たちも見る。
3．悲しいところなどは、少しマイクに顔を近づけて小さな声で話す。

　このような内容だ。国語の時間の音読とはレベルが違った。一つの文、一つの言葉の語り方まで工夫した。これが大変で、「伝える」ということの厳しさ難しさを学んだ。

　3つ目は、とても緊張したということだ。私の前が友達の江田さんで、「江田千亜紀さん」と名前が呼ばれた時、自分の番ではないのに緊張しすぎて足が震えた。自分の名前を呼ばれた時、礼はしなくてもいいのに体が勝手に動いて礼をしてしまった。

　5分間、ライトをあびながら、私は語った。みんなの視線が自分に集まっていた。練習したとおり、がんばってきたとおりに私は語った。

　この3つが感想だ。審査員の人たち、他の学校の人たち、保護者の人たちなど、大勢の人の前でお話を語るという経験は初めてのことだった。ものすごく緊張した。残念ながら入賞はしなかったけれど、私は満足していた。自分を表現できただけで満足だった。

　その時私は、「人前で話すとは、自分から一歩前にふみ出すことだなー」と思った。語りべ大会に出たことは、私にとって大きな出来事だった。どちらかというと「おとなしい」私にとって、このことはとても大事なことだと思った。新しい自分に変われるように思ったからだ。

　「一歩前にふみ出す」ということをこれからも大切にしていきたい。

田頭ひとみ

『最優秀賞～不安と緊張をのりこえて～』

　九州地区小学生ディベート大会スピーチ部門に参加した感想を３つ書く。
　１つ目は、不安が私の中に「いっぱい、いっぱい」になっていたということだ。何をしたらいいのか分からなかったということだ。スピーチ部門の内容は、意見発表が３分間、質疑応答が２分間であった。それは先生に聞かされていて知っていた。だが、私が知っていたのはこれだけだった・・・。そもそも私はディベートをしたことがなく、何がなんだか分からなかったのだ。９月に転校して来たばっかりだったからだ。緊張しながら会場に着いた。つっかえずにスピーチができるのか、質問に答えられるのか、心配だった。先生は、

「緊張してる？　池尻さんなら大丈夫！いけ！」
と、笑いながら話していたが・・・。（池尻の「池」と「いけ」はシャレではない・・・）
　スピーチのテーマが発表されて、本番までの時間は２時間もなかった。先生や友達にも教えてもらって、スピーチ原稿を書いていった。鉛筆の動きが気持ちとは別に「遅い」ような気がした・・・。頭の中が真っ白になっていた。
　２つ目は緊張とがんばりだ。
　審査員の人が「今から始めます」と言った。スピーチ部門の始まりだ！
　まずは中学年の部。中学年の子もすごい！！　不安がまた強くなった。
　私は、高学年の部の一番始め。誰も知り合いがいない中、審査員の「池尻さん、始めてください」という合図で、私のスピーチが始まった。手や足が汗でびっしょりになった。緊張がこみ上げてくる。
　でも、その緊張とは別に・・・なぜかワクワクする気持ちと頑張りたいという気持ちのほうが強かった。話し始めると、教室の中のいつもの感じがもどってきた・・・。
　頑張ったところは、審査員や会場の人の目を見ながら、大きな声でハキハキとした声で話したことだ。原稿はとても自分の納得のいくものだったので、「あとは自分しだいだ」と言い聞かせて５分間やりとおした。
　終わった。全身の全部の力を使い果たした気がした。みんなと急に会いたくなった。
　３つ目は表彰式の感激だ。自分の名前は、呼ばれないだろうと思っていた…。
　どんな結果であっても、後は自分を信じるしかないと思い、閉会式に参加していた。
「スピーチ部門、高学年最優秀賞」と司会者が言った時、ドキドキした・・・。そして、
【池尻有希】
とてもうれしかった。盾と賞状をもらった。とても重たく手に力が入った。

　　　　　　　　　　　　　　　　　　　　　　　　　　　池尻　有希

『ディベートで学んだこと』

　12月3日に佐賀であった第11回九州地区小学生ディベート大会に参加した。そこで学んだことは4つある。どれも僕にとっては価値のあるものだ。

　1つ目は、自分のことだけではなく、「他の人」のことも考えるということ。ディベートで主張や反論をする時は、自分の立場だけではなく、そのことについていろんな立場の人からみた意見を出さなければならない。自分の立場だけの考え方では、いい反論ができない。意見がかたよったものになってしまうのだ。審判を説得することもできない。

　2つ目は、分かりやすく説明するということ。分かりやすく説明するには、「事実、意見、理由付け」の構成で意見を述べることだ。この3つを相手に分かるように伝えなければならない。特に、理由付けはていねいに説明しなければならない。反論は、「引用、否定、理由、結論」の順番で説明すればいい。反論の4拍子というやつだ。この2つの組み立てでスピーチすると分かりやすい。

　3つ目は、相手の言っていることをキチンと聞くこと。ディベートは話すゲームというよりも聞き合うゲームだということである。反論する時は、相手の話の意味や内容、伝えたいことが分かっていないといけない。それにメモが取れないと反論もできない。これはクラスの井口君が調べてこの本にも書いて

いる傾聴力が関係していると思う。今度ディベートをするときは、今以上に傾聴力を身につけておく。
　4つ目は、人前で話すのは恥ずかしいことではないということ。ディベートで第一反論をする時、立ち上がるまでは恥ずかしいという気持ちが強かった。けれど、終わったらそのような気持ちはなくなっていた。発表できないのは後ろ向きの気持ちだからだ。勇気がないからだ。一度できたら次からは恥ずかしくなかった。2試合目からは余裕に似た気持ちが出て来た。当たり前のことかもしれないが、恥ずかしがって、話さないことが恥ずかしいことなのだ。そのことに気がついた。

　この4つが佐賀であったディベート大会で学んだこと。初めて参加したディベート大会でたくさんのことを学んだ。あの日の緊張感と満足感を僕は忘れない。

　　　　　　　　　　　　　　　　　　　　　　　　　日髙　利行

２．学級の特徴～朝日新聞記事から～
朝日新聞社・佐々木記者との日々

「おはようございます。今日から１ヶ月みんなの事を取材しに来た朝日新聞社の佐々木です。よろしくお願いします。」

　　　　！パチパチ！（拍手）

　この時から私たちの学級は、全国に知られると決まっていた！新聞にのることが・・。
　５年生の夏休みが終わったばかりの２学期の始業式の朝のことだった。
　　　　　　　　　　　　　　　　それを知ったみんなの反応は・・・・。
「うそ～!!」
「全国に～！！」
「お母さんに新聞を買ってもらおう!!」
「◎△■○＊＠●・・・・・!!」
教室は一斉に大騒ぎとなった。

　　　　　　　それから毎日、佐々木記者は授業を参観したり、私たちにインタビューをしたりした。メモも取っていた。私たちのことを・・。朝から帰りまで、もちろん給食もいっしょに食べた。クラスの友達が一人増えた感じだった。（写真は佐々木記者との学習場面）

　そして第１回目の新聞には、こう書かれていた。「元気なあいさつ連盟」と――。会長の佐野拓磨くんの紹介から始まっていた。それから次々と友達の名前が・・・続々と・・・。
　全国のたくさんの方から電話や手紙、メールをいただいた。

　朝の教室は、みんなのうれしい気持ちで毎日輝いていた。

　最後の記事は「学級日記をメルマガで」だった。この記事が発行されたと同時に佐々木記者とのお別れ・・・。先生が「また・・来てほしい人？」とたずねると・・・全員が手を挙げた。最後まで「うれしい気持ち」でいっぱいだった！

　ここに、佐々木記者に書いていただいた「学級紹介」の５回の記事をみなさんにもお知らせする。テーマは「言葉を大切に」だ。一つひとつの記事は、私たちの宝物。

　　　　　　　　　　　　　　　　　　　　　　　青木　彩香

（1）「元気なあいさつ連盟」

　5年1組の佐野拓磨君がパソコンでつくった名刺を差し出した。「全国あいさつ運動推進連盟会長」とある。

　9月27日にあった公開授業。見学の大人に「こんにちは」と話しかけ、「ぜひ会員になってください。気持ちのいいあいさつを広げていきましょう」。

　担任の菊池省三先生（45）は、子どもたちがおとなしすぎるのが気になっていた。登下校時のあいさつは口の中でモゴモゴ。授業中に当てても、「ハイ」という返事が小さい。

　「あいさつはコミュニケーションの基本だよ」。率先して声を出す「あいさつ係」を決めようかと思った。

　「『係』よりも『推進連盟』と名づけたら面白い」「『全国』としたら、スケールが大きくてかっこいい」。クラスで話し合い、一番元気にあいさつする拓磨君がみんなに推されて会長になった。旗揚げは6月。友だちや父母らに呼びかけ、会員は70人を超えた。

　2学期初日の9月1日、拓磨君は席替えで、転校生の井口和彦君の隣になった。「今日は一緒に帰ろうね」。新しい仲間に進んで声をかけるのも、会長の大事な役目だ。心細そうな和彦君の表情が和んだ。「友だちが、もうできたよ」と、家に帰って家族に話した。

「笑顔いっぱい推進連盟」「美しい言葉を使おう連盟」。1組には「全国」を冠した会が次々に生まれ、今は6団体になった。「かつてのプロレス団体みたいだなあ」と、先生は笑う。

　和彦君は「ゴミをゼロにする会」を立ち上げ、会員を募ろうと考えている。

　「日本一言葉を大切にするクラス」をめざす、北九州市立香月小5年1組を訪ねる。

第1章　私たちの学級紹介

（2）「1秒の重さ　かみしめ」

　黒板の左側の壁に菊池省三先生が2枚の模造紙を張り出した。

　1枚は「教室にあふれさせたい言葉」のリスト。「ありがとう」「おはよう」「いっしょに遊ぼう」が並ぶ。もう1枚は「教室からなくしたい言葉」。「ばか」「消えろ」「知らん」がある。5年1組が4月にアンケートをとった。

　藤原真奈美さんにはリストが「おまじない」に思えた。時々、壁の紙に目を留めて「悪い言葉は使わない」と自分に言い聞かせる。三宅彩香さんは、家でも実践するように心がけた。「言葉遣いがよくなったね」とほめられた。

　けれども、「なくしたい」と思ってもうっかり口にすることも少なくない。

　9月のある日、子どもたちは「どうすれば本当になくせるか」を考えた。「言ったら廊下に立たせる」「放課後に掃除をさせる」。賛成の声が相次いだ時、田中七津美さんが言った。「反省しなかったら、結局なくならないのでは」。みんなは黙り込んだ。

　先生がちょっと話題を変えた。「1秒で何が出来るか知ってる?」と、本やネットで調べた話を紹介した。ハチドリが55回羽ばたく。世界中でニワトリが3万3千個の卵を産む。浜崎あゆみさんは税金を約9円納める。地球が太陽の周りを30キロ進んでいる・・・。子どもたちがわくわくした様子で身を乗り出す。

　先生は続けた。「そして、君たちは1秒ほどの言葉で、友だちを勇気づけることも、傷つけることもできるんだよ」

　授業の後、中村心君は「ひとことの大切さが分かった」と紙に書いた。

　翌日、先生は壁に紙をもう1枚張った。ひと言の重みをかみしめながら話してほしいと「一生懸命一秒」と書いた。

(3)「『1＋1』から伸びる力」

　5年1組の理科のノートを点検中、菊池省三先生は「あれ？」と思った。

「インゲン豆の発芽には何が必要か」という質問に、多くの子どもたちが「空気」と書いた。ところが、その理由を尋ねると、「空気が必要だから」。

　答えは合っているが、そこに至る筋道を考えるのが苦手。ここ数年、そんな子が増えたように感じる。順序立てて考え、書き、話す力を育みたいと、作文やスピーチを積極的に採り入れた。

　国語の時間、先生は黒板に「1＋1」と大きく書いた。「これが作文の基本形だよ」。事実を1行書いたら、気持ちや意見を1行書く。「運動会がありました。うれしかったです」と例文を書く。

　次は「事実2＋気持ち1」を書いてみよう。藤川優梨さんは「きょうキックベースをした。ヒットを1本打った。楽しかった」と書いた。「4＋1」で古賀俊貴君は「キックベースをした。ヒットを2本打った。1回だけアウトになった。守る時はファーストにいた。楽しかった」。ノートが文章でどんどん埋まった。

　図工の時間もスピーチタイムに早変わり。宿題の工作を提出する日、「1番工夫したところを発表しよう」。

　小田恭平君が話そうとすると、前の席の中村祐樹君がささやいた。「後ろの人にも見えるように工作を持つといいよ」。アドバイス通り、帆船の模型を高く掲げ、「クギをうまく打って、糸を張りやすくしました」。家の形の貯金箱を作った青木彩香さんは「色を塗る時に工夫しました。板が絵の具を吸うからです。だから何度も重ねて塗りました」。

　厳しく指導するだけではなく、もっと楽しく実践的に考える力を伸ばしたい。先生は、あるアイデアを思いついた。

(4)「めざせディベートの達人」

5年1組に「挑戦状」が届いた。

授業の始めに、菊池省三先生が教室でそのコピーを配った。差出人は「なぞのディベートの達人」。12月に佐賀市であるディベート大会への参加を誘い、「君たちの健闘を祈っている」。

その数日前、北九州市で1昨年、開かれた大会のビデオを、1組は視聴覚室で見た。画面は決勝の様子を映していた。向かい合った2チームは、どちらも1組の先輩、香月小の代表だった。

「ディベートって何？」。質問に先生は「スポーツのようにルールのある話し合いだよ」と説明した。「ルールがあるから面白いし、けんかにならない」
先生が授業にディベートを採り入れるようになったのは、10年ほど前からだった。ゲーム感覚で、相手の意見に耳を傾ける態度や、かみ合った議論の仕方を学んでほしいと考えた。

ビデオの中の試合では、テーマは「バスや電車の優先席は必要か」。5人ずつ肯定・否定の2チームに分かれる。事前に地元の駅長に聴いたり、本で調べたりした資料をもとに「優先席があれば、お年寄りや障害者が安心して旅行できる」「無い方が、誰もが譲り合ってマナーが向上する」と、意見や反論を戦わせた。

同年代が演壇で途切れなく話す姿に、吉田稚菜さんは「努力すれば、あの人たちみたいになれるのかな」。

さて、挑戦状。先生が尋ねた。「どうする？」「受けて立つ」と白川稜也君。33人の手が一斉に挙がった。田頭ひとみさんは「相手の意見を聞きながら質問を考える」、山下由衣子さんは「スピーチは苦手だけど頑張る」と決意を紙に書いた。先生は、ニヤリとした。

（5）「学級日記をメルマガで」

　羽生宏樹君と久我朋子さんがマウスをクリックした。パソコンの画面が「配信」に切り替わり、仲間から拍手が起きた。
　5年1組のメールマガジン創刊号が10月4日、発行された。33人全員が持ち回りで記事を書き、インターネットの配信サービス・サイトを通じて配る。

　谷龍太郎君は授業の様子を紹介する「今日の学習『くもりのち晴れ』」コーナーの担当。「くもりは少し難しい勉強、晴れはみんなが頑張った時」と名づけた。森山姫子さんは編集後記に「1万人以上に読んでもらう」と目標を書いた。

　菊池省三先生は「誰にでもきちんと伝わる『公の言葉』で書こう」と話した。友だち同士の「内輪の言葉」は教室から外に発信するメルマガにはなじまない。

　一方、パソコンの子どもへの影響を心配する声も強まっている。ネット利用のエチケットをどう学ぶか。

　10月初めの国語の授業。先生が「手紙を書くときに大切なことは」と尋ねた。考えついた子が順番に黒板へ書き連ねていく。「相手がうれしくなるように書く」「点や丸、かぎかっこに気をつけて学習したことを生かす」「間違いや失礼のないように先生に見てもらう」「困ったことがあれば相談する」・・・・。

　「ネットやメールで気をつけることも、これと一緒だね」と先生。こうしてメルマガ作成のガイドライン「5年1組の表現のやくそく」が出来上がった。

　創刊号が出た翌日、読者のメールが届いた。東京の男性は「みなさんの笑顔が見えるようです」と送ってくれた。子どもたちは「楽しい記事を書けるように作文をしっかり勉強しよう」。第2号の準備に取りかかった。
　　　　　　　　　　　　　　　　　（佐々木亮）＝この項終わり

私たちの学級の「歴史」

平成16年度
- 4月……学級誕生。
- 9月……朝日新聞取材開始。
  市内外から何人もの先生方が教室に参観に来られるようになった。
- 10月……学級メルマガ「新・メルマガキッズ」発行。
  朝日新聞に5日間にわたって学級が紹介された。
- 11月……ポプラ社発行の本「情報通信」に学級メルマガのことが掲載された。
- 12月……第10回九州地区小学生ディベート大会に7名参加。
  ディベート部門優勝 「乙女3姉妹」三宅彩香　久我朋子　堀江夢愛
  スピーチ部門最優秀賞受賞　中村心

- 2月……第16回西日本地区大人と子どもの語りべ大会に8名参加。
  優秀賞受賞　吉田稚菜　　優良賞2名受賞　森山姫子　三宅彩香
- 3月……NHK北九州の取材を受け、4月に学級の取り組みが放送された。

平成17年度
- 7月……「コミュニケーション大事典」づくり開始。
- 12月……第11回九州地区小学生ディベート大会に10名参加。
  ディベート部門優勝 「サボテン」窪田玲衣良　久我朋子　吉田稚菜
  敢闘賞受賞「美女と野獣」青木彩香　中村心　江田千亜紀
  スピーチ部門最優秀賞受賞　池尻有希

- 2月……第17回西日本地区大人と
  子どもの語りべ大会参加。

  「コミュニケーション大事典」
  完成。（2月下旬予定）

第2章
コミュニケーション34の力

1

あいさつは、最高の心の交流を生み出す宝物！

あいさつ力

朝のあいさつメッセージ！
私たちの教室は、あいさつから始まります！

藤原　麻奈美

時々、自分たちのあいさつを
ふりかえってみたいね。

朝のあいさつは
元気よく！

自分から相手に
声と心を届けようね！

あいさつは自分を育て
友達との関係もよくする宝物！

あいさつ力　6つのポイント

1．大きな声でハキハキと……相手に届く「声」と「気持ち」
2．明るい笑顔で………………相手の目から入る印象も大事
3．相手の目を見て……………目にはあなたの「心の表情」が
4．自分から進んで……………積極的なあなたに変身！
5．誰に対しても………………人間関係を広げよう！
6．正しい姿勢で………………「落ち着き」と「安心」を

１．　「あいさつ力」って？

　人と人とが面とむかって話すコミュニケーションの基本となるあいさつの力のことです。

２．　あいさつを意識していますか？

「おはよう！（＾＾）」（笑顔でニッコリ）
「おは・・・」（声が消えて、聞こえない）
みなさんはこのような場面を経験したことはないですか？　そんな時は、朝から気持ちがよくないですね。

　担任の菊池先生は、「『は』の字をはっきり、お『は』ようございます」と何度も言って、私たちにあいさつをさせます。だから、みんなのあいさつは気持ちがいいです。朝から元気が出ます。

　短い言葉ですが、あいさつには大きな力があると思います。だから、あいさつを意識して、楽しい生活をしたいですね。

３．　私の調べ活動

　まず、あいさつについて書いてある本を調べました。たくさん読みました。新しい発見がたくさんありました。

　そんな私の得た情報から大切なことをいくつか紹介します。

①あいさつは「あなた」を変える

　あいさつを意識していい方にすることによって、周りの人が快感や安心をもつようになります。そうすると、信頼感をもたれます。つまり、あいさつとは社会生活に欠かせないものなのです。

②あいさつは相手への「プレゼント」

　あなたは、「あいさつしたこと」と「あいさつされたこと」どちらがよく記憶に残っていますか？あいさつされたことの方が記憶に残っていませんか？

　実は、あいさつはされた人の記憶の方により強く残るものなのです。

③お辞儀はあいさつの基本の基本

　お辞儀もりっぱなあいさつなのです。美しいお辞儀があいさつの基本なのです。

＊＊＊＊＊＊＊＊＊＊＊＊＊＊＊

１．礼をする前に、相手の目を見る。
２．礼は、背筋を伸ばして腰から上をかたむける。
３．手はブラブラさせないで、指先までしっかり伸ばす。
４．あいさつの言葉は、上半身を前に倒す前に言う。
５．お辞儀の後は、ゆっくり体を起こす。
６．体を起こした後は、相手の目を見る。
７．一連の動作には明るい笑顔をそえる。

＊＊＊＊＊＊＊＊＊＊＊＊＊＊＊

　このようなお辞儀には３種類あります。

＜会釈＞

　通路などで、お客様や目上の方とすれ違う時や、「かしこまりました」「お茶をどうぞ」などの軽いあいさつ。

＜ふつうのお辞儀＞

　朝や帰りのあいさつ。応接室への出入り。お客様をお迎えする、「いらっしゃいませ」などの時。

＜ていねいなお辞儀＞

　お願い、おわび、感謝の気持ちなどを表す時のお辞儀。

※会釈は、15 度。ふつうのお辞儀は、30 度。ていねいなお辞儀は、45 度の

お辞儀にする。

④いろいろな先生に聞きました

たくさんの子どもたちにあいさつされている（している）先生方。あいさつのことは詳しそうだなと思い職員室へ。

私たちの学校の先生方にもインタビューしました。

Q：私は、明るい笑顔であいさつをしていると、みんなから好印象をもたれると思うのですがどうですか？

A：そうですね。表情や態度が印象に残りますからね。その方がいいですね。

＜他に先生方に聞いて分かったこと＞

①あいさつをしていると周りの人たちから信用される。
②あいさつをする人は礼儀正しい。
③あいさつをされなくても自分の方から声をかけることが大事。

４．あいさつのポイント解説

・大きな声ではきはきと

２で紹介した通り、相手にはっきりと聞こえなくてはなりません。早口のあいさつや、語尾まで聞き取れないあいさつを不快に感じる人もいます。

一度チェックしてみてください。

・明るい笑顔で

これは、「相手の目から入る印象はとても大切」ということです。

メラビアンの法則というものがある。

・外見・態度・表情	→	55％
・音声	→	38％
・話の内容	→	7％

これは、初めて会う人の第一印象を決めるものは何か？という調査結果です。見ての通り、表情など言葉以外の要素が一番大切なのです。

・相手の目を見て顔を見て

あなたは、「目線を合わせて話を聞いてくれる人」と「そっぽを向いて話を聞く人」どちらが、話しやすいですか。

もちろん前者ですよね。

このように目線をちょっと変えるだけで、自分の印象が変わってくるのです。

・自分から進んで

受身よりも、自分から進んであいさつをしていけば、より好印象を持たれること間違いなし。あいさつでみんなの憧れの人になりましょう。

・誰に対しても

「大きな声でハキハキと」「明るい笑顔で」「相手の目を見て顔を見て」「自分から進んで」この４つは、多くの人に対し行わなければいけません。鉄則です！

・正しい姿勢で

どんなに、がんばっても、正しい姿勢でなくては、「だらしない人だな」などと、悪い印象を、あたえてしまうかもしれません。ビシッとした姿勢でしましょう。

この６つのポイントを意識すると、徐々に徐々に相手との関係もよくなっていきます。いっしょにがんばりましょう。

あいさつは、コミュニケーションの第一歩です。

「あいさつ」一覧表

1. 学校でのあいさつ

①	おはようございます
②	ありがとうございました
③	こんにちは
④	いただきます
⑤	ごちそうさまでした
⑥	ごめんなさい
⑦	失礼します
⑧	さようなら

☆あいさつのポイント☆
1. 自分から進んで
2. 大きな声で
3. ハキハキと
4. 明るい笑顔で
5. 相手の顔を見て

2. 近所でのあいさつ

①	おはようございます
②	こんにちは
③	お元気ですか？
④	お久しぶりです
⑤	いってらっしゃい
⑥	お気をつけて
⑦	こんばんは
⑧	さようなら

あいさつは、
お・・大きな声で
は・・ハキハキとした声で
よ・・よい笑顔で
う・・美しい姿勢で
の４つが決め手だよ。

　これらのあいさつ以外にもさまざまなあいさつがありますよね。自分で「これだ！」と思ったあいさつは、どんどん使っていきましょう。

　下にあいさつの一例を出しています。いろんな人に、自分からどんどんあいさつをしていきましょう！

感謝する	・ありがとうございます
あやまる	・申し訳ございません ・失礼しました
待ってもらう	・お待ちいただけますか ・少々お待ちくださいませ
何かを引き受ける	・承知しました

あいさつ力は
表現力だけではなく、
マナーも身につけさせて
くれるよ。

あいさつ力

2

行動派のあなたを支えるのは、返事力！

返事力

今井　知恵

よい返事について考えよう！

2人の返事は、どこが違う？分かる？

返事力　3つのポイント

1．「はい」に小さな「っ」をつけ、はっきりとした返事をしよう。
2．返事と行動をセットにしよう。
3．自分と相手やまわりに自信とやる気を生みだす返事に変えよう。

2 返事力

1．「返事力」って何だろう？

返事力とは、相手が気持ちよくなるようなハッキリとした声で言葉を返すことができる力のことです。

2．返事ひとつできない子どもたち・・

今の子どもは、ちゃんとした返事ができないと言われています。

例えば、私のクラスで「返事に自信がある人」と聞くと、約半分の人しか手を挙げることができませんでした。
「ちゃんと返事をしなさい。」と、繰り返し言われたことはありませんか？
「はい」という短いこの言葉ほど、その人の体と心の状態を表す言葉は他にはないのです。

誰だって返事をしてくれなかったら ショックを受けます。返事をしなければ誰だって不快になります。返事は大切なコミュニケーションなのです。

返事ひとつすらできないということはとても深刻な問題なのです。

3．私の調べ活動
①横山樹理さんに突撃インタビュー！

横山樹理さんは元全日本女子バレーボールチームの代表選手です。モスクワオリンピックに出る予定だったけれど、残念ながら日本がそのオリンピックをボイコットしたために出場できませんでした。

オリンピックに参加できていたら金メダルが取れるほどの強いチームのエースアタッカーでした。

なぜ、そんなバレーボール選手の横山さんに、「返事」のことをインタビューしたのかというと・・・。

バレーボール選手は、作戦タイムやセットごとに監督さんから呼ばれたり何かを言われたりすると、大きな声で返事をしていて「スゴイッ！」と思っていたからです。みなさんもテレビでよく目にしたことがあるでしょう。

【バレーボール練習中にインタビュー】

Q：よい返事ができるようになったら、自分から何でも進んでやる人になると私は思いますが…。

A：そうですね。やっぱり自分に自信がつくと思います。返事と次の行動はセットになるはずですね。返事はその人のやる気の表れです。スポーツ選手は特にそうかもしれません。

横山さんに聞いた結果、次のようなことが分かりました。

・よい返事ができたら表情がよくなり積極的になる。
・返事をするときは「短く！速く！ハッキリと」すること。
・大事なのは、相手に伝わる声の返事やテンポのよい返事をすること。
・返事上手は何事にもチャレンジする人！
---

②クラスのみんなを観察して

　返事がない人の多くはただうっかりしているというケースが多いようです。クラスの友達を観察していて気づきました。

　この「うっかり」を防ぐ方法は、呼びかける相手の状態を確かめることです。返事は相手からの働きかけをキャッチして応じるコミュニケーションですから、応じる側としては、次のことが大切です。

- 働きかけを察知すること。
- 反応を言葉と態度で示すこと。

　簡単なようでもこの２つを身に付けている人は多くありません。

　返事がない人を注意するよりお互い自分の返事を振り返ることが大切なのですね。

4.　私が考えた返事のポイント
　～自分が返事をする場合～
①小さな「っ」をつけはっきりと！
　返事の最後には小さな「っ」を付け、はっきりとした返事をしよう！
②返事と行動をセットにしよう！
　何かを頼まれたら今手がけている事をちょっと止めて、「はいっ」と返事をして頼まれたことをしてみましょう。
③自分と相手や周りに自信とやる気を生み出す返事に変えよう！
　よい返事をすると、自分自身にやる気が出ます。そして、相手や周りの人にも自信とやる気を生み出します。

　～相手に返事をさせる場合～
①相手の状態を確かめる！
　相手の「うっかり」を防ぐ方法は呼びかける相手の状態を確かめることです。

②返事がない人に「やさしく」
　返事がない人に注意するよりお互い自分の返事を振り返りましょう。

5.　私たちの学級の取り組み
　私たちの学級で行った返事についての学習を紹介します。おもしろかったです。

＊＊＊＊＊＊＊＊＊＊＊＊＊＊＊

黒板に『はい』と先生が書き読みます。みんなは小さな元気のない返事です。
「では、これは？」と先生が言って、その下に小さな「っ」を書きました。

　　　『はいっ』

今度は少し大きな良い返事に。
「なかなか良いね。では、これはどうかな？」と言って、小さな「っ」をもう１つ先生は付け加えました。

　　　『はいっっ』

「おっいいね。素晴らしい。では、これはどうかな？」先生が言いました。イスから身を乗り出して待ち構えている友達がいました。

　　　『はいっっっ』

「立派！でも大きすぎるのもちょっとね。…ちょうど良いのが『はいっ』ですね。次からはこれで行きましょう。」先生も笑っていました。

　時間にして２分ほどの学習でした。

＊＊＊＊＊＊＊＊＊＊＊＊＊＊＊

　小さな「っ」のある返事をみなさんもしてみませんか？大きな元気が出ますよ。

「返事力」を考える〜イラスト版〜

今までの内容をイラストにしてみました。やる気と行動を生み出す返事をしようね！

3

相手と話す時は、まず、豊かな表情から！　言葉とともに表情も大切に！！

表情力

吉田　彩花

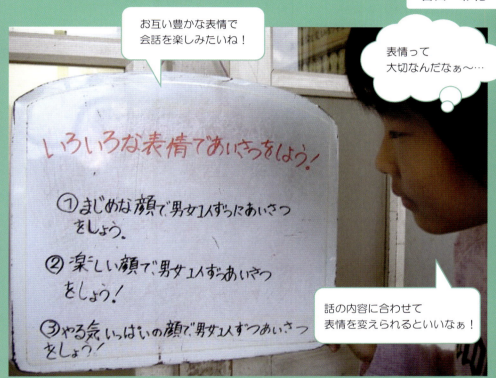

表情力　4つのポイント

1．相手の話の内容に合わせて表情を変える。
2．「喜怒哀楽」のどれかで相手の話を聞こうと心がける。
3．相手の話を聞く時は、首をかしげたり、目を相手の方に向けたりする。
4．表情筋を鍛えるトレーニングをする。

3 表情力

1. 「表情力」ってなんだろう？

相手と話し合ったり聞き合ったりする時に、相手が楽しく安心できるような表情で接することができる力のことである。

2. あなたの表情は豊かですか？

「もっと自分の表情をよくしたいな。」と思ったことはないだろうか。

私にはそんな経験が何度もある。

私がスピーチをしている時、自分はすらすら上手に話しているつもりだったけれど、何かが足りなかった。

それは、話す内容に合わせて表情を変え、自分の思いをより相手に伝えるという「気持ち」と「技術」だった。それらが私のスピーチにはなかったのだ。

だから、聞いている相手も表情がよくなくて、「ひまだなー」「面白くないなー」と思っていたように思えた・・・・・。

3.「表情美人」への挑戦！
①芸能雑誌で表情研究

「表情美人になろう！」と決めた私は、まず、友達から「明星」「セブンティーン」等の雑誌を借りて、人気歌手やタレントさんの表情を研究した。

特に徹底調査をしたのは、女性では人気急上昇の沢尻エリカさん、男性では歌手としても活躍しているタレントの小池徹平さんだ。

沢尻エリカさん主演のドラマ「１リットルの涙」は毎週欠かさず見ている。沢尻エリカさんの一つひとつの表情に自分を重ねてしまう。あ・こ・が・れ！

ドラマ「鬼嫁日記」での小池徹平さんは、表情が豊かで喜怒哀楽をとても上手く表現している。ス・テ・キ・・！

雑誌とドラマを重ねて考えてみると、表情力の最大のポイントは、

> **『目でその時の気持ちを表す』**

ということではないかと私は思った。
②デパートの受付のお姉さんにインタビュー

私の挑戦はまだまだ続き、今度はデパート「井筒屋」の受付をされている古田さんにインタビューを試みた。

デパートに行くとホッと安心するあのやさしい表情をしている受付のお姉さんだ。笑顔につつまれインタビュー開始。

Q：表情をよくするコツは？

A：鏡の前で、「ウィスキー」や「ミカヅキー」と言う。最後が「イ」になる言葉を意識するとよい。

Q：表情で気をつけていることは？

A：お客さんの立場に立って、どんなお気持ちなのかを考えて・・・。

等と他もいろいろ教えてもらったのだ。

- ・「喜怒哀楽」のある表情は、お客さんの話の内容に合わせて使っている。
- ・よい表情のポイントは、目じりを下げることと、口角を上げること。
- ・相手の気持ちを察することが大事。

---

③伊東美咲さんに魅せられて

ますます「表情美人」になりたいと思った私は、テレビの前に座って、

人気女優さんの表情を研究（？）し続けた。女優の伊東美咲さん主演のドラマ「電車男」をビデオに録画して、テープがすり切れるほど見たのだ！

そして、次のようなことを発見したのだ。

<伊東美咲さんの表情がよいところ>

- 話す時も聞く時も会話の内容に合わせて表情を変えている。
- 首をかしげたり、目を相手の方に向けたりしている。
- 相手を傷つけない自然な表情（特に目と口元）が豊か。

4．表情力アップのポイント
①話の内容から相手の気持ちを理解する

例えば、相手が悲しい顔で話してきた時に、聞き手が楽しい顔で反応していたらおかしいでしょう。

だから、相手の気持ちを考え、話の内容に合わせた表情を心がけるのだ。

②常に反応しながら相手の話を聞く

相手の話を聞く時に、聞き手が何もしないでジッとしていたらおかしいでしょう。だから、首をかしげたり目を相手の方に向けたりして、何らかの反応を心がけることが大切なのだ。

③「表情筋」を鍛える

表情筋というのは、表情を動かす働きをしている顔の筋肉のことだ。その筋肉を鍛えるのだ。

次のページに「『彩花流』表情力アップトレーニング法」を紹介している。表情筋を鍛える、とっておきの方法だ。話す時や聞く時の表情が10倍よくなる…はずである…。試してね！

5．私たちの学級の取り組み

私たちの教室には、「笑顔いっぱい推進連盟」という組織があり、いろんな取り組みを行っている。全国組織なのですよ！

例えば、教室前の廊下にかけている百円ショップで買ってきたホワイトボードに、毎朝みんなが登校する時、

- 鏡の前で、ほお骨を二回クイッ クイッとあげましょう。
- 「今日も1日がんばろう」とニッコリ笑って教室に入りましょう。
- 今週の素敵は笑顔ランキング発表。

等と書いて、みんなに明るい表情を心がけようと呼びかけているのだ。

▲鏡の前で表情トレーニング

みなさんもこれを試してみてくださいね。きっと表情力が豊かになり、友達との会話もはずみますよ。

「彩花流」表情力アップトレーニング法

私が考えた「表情力アップトレーニング」だよ。どこでも手軽に3分間もあればできるよ。表情筋を鍛えて、表情美人、表情美男子になろう…ネ!!!

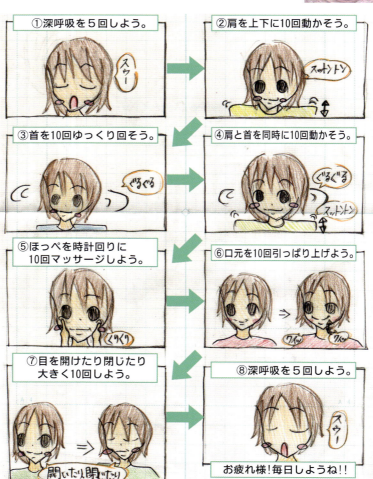

4

相手とコミュニケーションを楽しむのは笑顔が一番！

笑顔力

6年1組、朝の教室前のホワイトボードです

堀江　夢愛

- 聞き手や話し手も笑顔があると通じ合えそうだよ！
- コミュニケーションの中では笑顔も大切なんだー♪
- あいさつも笑顔があるのとないのとでは全然違うよ
- その前に笑顔ってどうやって作るの？教えてほしいな。
- 私といっしょに笑顔力について考えようねっ！

笑顔力　3つのポイント　～笑顔は最大のコミュニケーション～

1. ほお骨を2センチ上げる。
2. 口は「イ」の字。
3. 目は丸めるように意識する。
   相手を大事にする気持ちを持とうね！

4 笑顔力

1.「笑顔力」というのは

笑顔力とは、相手とのコミュニケーションを豊かにするために、誰にでも笑顔で接することのできる力のことです。

2.「笑顔が素敵ね」と言われたことは？

『あなたは笑顔に自信がありますか？』

笑顔は人と人が出会ってコミュニケーションをする時に大事なものです。お互いの心が通じ合うための第1歩なのです。

でも、今の小学生は、笑顔に自信のある人は少ないようです。クラスで「自分の笑顔に自信はありますか？」と聞くと、「イエス」と答えた人は、約10％でした。そのくらいにとても少ないのです。

3. ドキドキインタビュー3連発！

テレビCMの「オロナミンC」と「損保ジャパン」などに出ている上戸彩さんみたいなステキな笑顔になりたいし、木曜日夜9時からの「ブラザービート」に出演している中尾明慶さんみたいな優しい笑顔になりたいので、いろんな方に突撃インタビューをしてみました。

①デパートのインフォメーションの古田さん

その前に･･･なぜ「井筒屋デパート」インフォメーションの古田さんにお願いしようと思ったかというと、お客さんにいつもニコニコされていて、何か笑顔の秘密を知っていると思ったから。

＜古田さんに聞いて分かったこと＞

> Q：何か笑顔の秘訣はありますか？
> A：目尻を下げて口角を上げる。そうすれば自然な笑顔になります。オリジナルの方法は、鏡を見て笑顔で「ミッキー」と「ラッキー」と言うことです。

（古田さんと私の笑顔のツーショット）

②結婚式のプロアナウンサー米澤昌子さん・中村佳子さん・尾上千恵さん

その前に･･･なぜ結婚式場のプロアナウンサーなのかというと、お祝いの場の司会者だから「当然」笑顔じゃないといけないと思ったから。

＜プロアナウンサーから学んだこと＞

> Q：笑顔になるためにどんなことをしたらよいと思いますか？
> A：「ウイスキー」「ラッキー」「ハッピー」この3つを言うと、下唇が上がってとても良い笑顔になると思います。この中でも、「ラッキー」が1番。「ハッピー」は2番。「ウイスキー」が3番目。笑顔になれる効果的な言葉の順番です。そして、毎日鏡を見ること。自分の笑顔を自分で知ること。多くの人は、自分の笑顔を知らないから。

③テレビ局アナウンサー

　その前に・・・なぜテレビ局のアナウンサーにインタビューしようと思ったかというと、いつもテレビ画面からさわやかな笑顔を見せてくれているから。

＜ＴＶアナウンサーから学んだこと＞

> Q：笑顔について心がまえはありますか。
> A：気持ちです。笑顔は本当に大切なこと。自分もうれしくなるし相手もうれしくなる。
> 相手への思いやりです。

4．笑顔をつくる４つのポイント

　笑顔のポイントを４つにまとめました。

> ①ほお骨を２ｃｍ上げる。
> ②口は「イ」の字。
> ③目は丸めるように意識する。
> ④相手を大事にする気持ちを持つ。

5．私たちの自慢の取り組みNo.1

　学級では、笑顔になれるようにいろんなことをしています。みなさんにも知ってもらいたいのでいくつか紹介します。

その１「学級なりきりプリント配り」

　プリント等を後ろに配る時に、受け渡しの言葉をいろいろと変えるのです。

　ポイントは、「笑顔になるように」です。例えば、「ドラえもんシリーズ」だと、

> ●「はい、ドラえもん頼んだぞ！」
> ○「わかったよ、のび太君」
> ●「はい、ドラえもん頼んだよ！」
> ○「いいよ、しずかちゃんまかせてね」

というように変えるのです。どんどん後ろに配りながら、どの列も笑顔がこぼれます。いろんな「シリーズ」があります。

その２「朝の『笑顔』宿題」

　教室の入り口のホワイトボードに宿題を書き、毎朝それを行っているのです。その宿題をしないと教室に入れないルールなのです。「教室前の関所」とも言われています。その中から２つ紹介します。

　上の写真のように、１つ目は、「今から鏡の前で笑顔で『ウイスキー』と３回言いましょう。そして友達にＯＫをもらいましょう。」です。２つ目は、「ほっぺたをクイッと上げて笑顔で30秒立ちましょう。」です。この効果も大きいですよ。

　みなさんも、教室やお家で取り組んでみませんか？朝から笑顔があふれますよ。

私たち自慢の学級取り組みNo.2

なっ、なんと、私たちのクラスには「全国組織」があります。普通の教室なのに・・。すごいと思いませんか？では、その中の1つをさっそく教えましょう。

■全国笑顔いっぱい推進連盟
◇「全国笑顔いっぱい推進連盟」という組織が学級にあります。

会長は「さやえんどう」という元気のいい女の子です。不思議なことに・・・会長になったとたん笑顔がますます似合うようになりました。そんな会長からの「ぜひご参加を」というお知らせです。

★☆★☆★☆★☆★☆★☆★☆★☆
こんにちはっ！私は「全国笑顔いっぱい推進連盟」会長の「さやえんどう」です。
「全国笑顔いっぱい推進連盟」とは、

> ★目的★
> 1．笑顔いっぱいの生活を目指す。
> 2．笑顔の似合う人になるよう努力する。
> 3．笑顔の輪を全国に広げていく。

という取り組みを、みんなでやっていこうという「団体」です。

学級で作りました。私はその会長になったのです。エッヘン(^O^)
明るく元気に生活していこうという気持ちを大切にしているのです。
みなさんもこの連盟に参加してください。お願いします。
これからはこの連盟についての情報や活動、取り組み内容を紹介していきます。

菊池先生のホームページで行います。
アドレスは、↓です。
http://members.jcom.home.ne.-jp/s.kikuchis/ 【注】参照
ご質問やご意見、励ましなどのある方はお便りを送ってくださいね。ニコニコしながら待っています。
（さやえんどうより）
★☆★☆★☆★☆★☆★☆★☆★☆

会員になってくれた方には活動内容を報告します。（1か月に2回ほど）

※お知らせ（報告）をする方法は、菊池先生が発行するメールマガジンです。
申しこみの仕方はメールでお知らせください。購読は無料ですよ。

メールに名前・都道府県名・笑顔に関係する一言も書いて送ってくださいね。待っています。
（一言は何でも良いのですが「笑顔」について思うことや良い思い出を！）
送り先　s.kikuchis@jcom.home.ne.jp
　（副会長の夢マクラ）【注】参照
どうですか？私たち自慢の学級の取り組み。みなさんもぜひぜひ参加してみてくださいね。

教室が笑顔であたたかくなりますよ。
本当にお便り待っています。
じゃあね、笑顔でバイバイ！！

【注】このページに掲載のホームページやメールアドレスは、平成18年の初版発行当時のものです。現在は使用できません。

うなずき力

うなずきで相手の話を引き出せ！

青木　彩香

うなずき力　3つのポイント

1. 「うん」の場合、約0.3秒。「␣うん」の場合、約0.6秒。
2. うなずく時は、「、」や「。」、文章の終わり、くぎりめ、間のところで！
3. うなずく時のパターン「3」！　①「うん」と理解したうなずき。
　　　　　　　　　　　　　　　　②「ううん」と反対するときのうなずき。
　　　　　　　　　　　　　　　　③「へぇー」、「うそー！」と驚くときのうなずき。

1. 「うなずき力」っていったいな〜に？

相手がしたこと、言ったことなどをよく理解したうえで行うことのできる『しぐさ』をうなずき力という。

2. 相手を不安にさせない会話になっていますか？

会話を楽しませるコツの1つに「うなずき」がある。今の私たちは、「うん」といううなずきを忘れているようだ・・。

クラスで「うなずきに自信がある人？」と聞くと・・・・約35%の人しか自信があると答えられなかった。

うなずきのない会話になると、相手が不安になるケースも多い。なぜかというと、相手は「この人、私の話を聞いてるの？」と思い始め、会話がすすまない状態になるからだ。

3. 彩香！うなずき修行の日々！

…ということで、私はうなずき修行の旅に出ることにした。うなずき名人と思われる人を訪ねて行ったのである。名人の出ているテレビを録画して、繰り返し、繰り返し見たのである。

①古館伊知郎キャスターのうなずき！

◎ニュース番組「報道ステーション」

・古→古館伊知郎　・コ→コメンテーター

なぜ古館キャスターを選んだかというと、番組を毎日見ていて真剣な表情で相手の話を引き出す名人だと思ったからだ。

> 古：さぁ、コさんあの小泉さんの総理就任会見で立ちどまっておくところは？

コ：まぁ先ほど出たように色々あると思うんですけれども、
　　（〇）例えば先ほどの画面にててきたように造反派議員に対する態度（〇）。
※（〇）の部分がうなずき部分

②大人気の伊東美咲さんのうなずき！

◎ドラマ「危険なアネキ」

・伊→伊東美咲　・榮→榮倉奈々
　（ひろこさん→伊東美咲さんの役名）

なぜ伊東美咲さんを選んだかというとドラマの中で、雰囲気に合わせたうなずきをしていたからだ。

> 榮：ひろこさん最近恋してないんですか？
> 伊：う〜ん、しばらくはいいかな〜。
> ※しゃべりながら数回うなずく。

③今、最も有名な環境大臣の小池百合子議員のうなずき！

なぜ小池議員を選んだかというと、記者から質問されていた時に答えながらうなずいていたからだ。小池大臣のうなずきは、インタビューをしている記者の話の切れ目や文の終わりで行われていた。

相手の記者も話しやすいようだった。

《彩香！ビデオ分析のまとめ！》
・古館キャスターは、相手の話をうなずきで引き出す名人！
・伊東美咲さんは、その場に合ったうなずきが自然にできる天使！
・小池百合子議員は、相手が話しやすいようにうなずく輝く女性のリーダー！

４．色々な応答【うなずき】発見！

①理解した時の「うん」といううなずき。

②間の部分のうなずき。

③「ううん」と反対を表すうなずき。

④驚きのうなずきベスト「４」。

・「へぇ～」とうなずく。

・「あ、そう」とうなずく。

・「うそ～」とうなずく。

・「ホント～」とうなずく。

この４つが驚きの応答。「うそ～」という疑問めいた意味がもととなっている。

次に、「うん」という応答。この応答は、文の終わりにおいては、単なる聞き取りの表示ではなく、内容に対する返事を表す。(例)○○君、(うん)この机の上にあったお菓子、(うん)食べただろ(うん)。この例も内容に関する認定を表すのだ。

このように応答は、『うん』だけでなく色々あることが分かる。

５．うなずきのしくみ！

①「うん」、「ううん」の時間は秒数

＊『うん』の場合　　＊『ううん』の場合

　　約0.3秒　　　　　　約0.6秒

②２つの驚きを表すうなずき方！

驚きの応答は、「うそ～、へぇ～、あ、そう」という応答。この驚きの応答をカンペキにする方法を教えよう！

・まゆ毛をややあげる。

・少し目を大きく開く。

③うなずくときのタイミング！

・「、」や「。」のところで☆

・間のところで☆

・文の終わりで☆

６．うなずきで相手の話を引き出せ！

うなずくというのは、「あなたの話を聞いているよ」という意思表示。あなたが相手の話を聞いている時に、よく意味が分からなかったことはありませんか？その時に声で質問すると、問いつめているように見えてしまう。そこで、声を出さないように問いかける方法を教えよう。

それは、相手に「はぁ？」という顔をするということだ。すると相手は、「分からないんだな」と察して説明を付け加えてくれる。こうすると自然なしゃべりになり、あなたも相手の話を引き出せる！

７．話し上手は、相手がうなずきやすいようにしゃべる。

あなたは、このことに自信はありますか？自分がしゃべる立場になったら、相手がうなずきやすいように話すことが必要になるのだ。ここで話し上手になれるそのポイントを教えよう！

①速射砲のように次々と言葉をたたみかけない。

②「ですよね～」などと同意を求めるようにしゃべる。

③途中で息継ぎをしたり、緩急をつけたりして工夫をする。

この３つのポイントに気をつければ、あなたも話し上手になれる！そして相手とのコミュニケーションもカンペキになるのだ☆

私といっしょにあなたも「うなずき名人」に！　次のページも読んでね！！

5 うなずき力

5 うなずき力

『私のとっておきのうなずきパターンを教えよう！』

うなずき力がアップすると、会話力もグングン伸びます！

「これ」を実行すると必ずうなずき名人になれる！と同時にコミュニケーションの達人に・・・・！！ぜひ試してみよう♪

「うなずきパターン！」（6つのポイント）

うなずき大事典！

① 句点の間で！ ・文の終わりごとにうなずく。 ・句点（。）でうなずく。	④ 場面の間で！（大段落） 場面の変わるところでおく間である。子どもたちはこの間が短いのがふつう。
② 読点の間で！ どの読点にも同じようにうなずくわけではない。中には間をとって読むと、聞き手に意味が伝わらなくなる読点もあるので注意しよう！	⑤ 余韻の間で！ 話の「・・・」や「ー」のところの間。 この間でうなずく。話し手と同じ気持ちになって・・・・。
③ 場面の間で！（小段落） 場面が変わるところの句点でとる間のこと。その間でうなずく。他の句点で取る間よりも長い。	⑥ 期待の間で！ 聞き手を意識して作った間でうなずく。 話し手と心が通い合う気がするよ。

この6つがうなずきパターン！！あなたがこの6つのポイントを知っておけば…会話も楽しくなり、相手を『不安』にさせたり『沈黙』の会話になったりしないのだ!!

6

あいづちは、会話をはずませる秘密の味！

あいづち力

三宅　彩香

あいづち力　5つのポイント

- 「あいうえお」あいづち…「あぁーあ」や「いいねぇ」など心のこもったあいづち
- 「おうむ君」あいづち…相手のいったことをそのまま返すのがおうむ君あいづち
- 「サッパリ」あいづち…首などを振らずにただ「はいはい」と言うあいづち
- 「ハート」あいづち…相手の表情などを見てその人の感情にあったあいづち
- 「話し相手もスマイル」あいづち…自分のことを分かってくれたんだな、と思ってもらえるあいづち

あいづち力

1.「あいづち力」って？

あいづち力とは相手の伝えたい内容や気持ちが理解できましたよ、という聞き手からのメッセージを伝える力。

2. あなたはあいづちを使って会話をはずませることができますか？

みなさんは、会話をしている時などに、「楽しくないなぁ」などと感じたことがあるだろう。私も同じことを感じたことがたくさんある。その時あなたは相手の話し方が悪いと感じたのではないだろうか？でも、それは違う！あなたのあいづち力が十分ではなかったからである。

そこで今から私のこの文章を読んで、あいづち力を身に付けてほしいと思う！

3. あいづち名人になろう！

私は「あいづち名人」になるために、結婚式場のプロアナウンサーにインタビューしたり、多くの本を読んだりした。

そして、あの『あいづち名人』の黒柳徹子さんのテレビを分析したのだ！！

以下が、分かったことのまとめだ。

①本の分析から分かったこと！

- ・感情推察は表情をみる。
- ・普通の人は「あいうえお」あいづちが好き。
- ・単純あいづちと「あいうえお」あいづちの違いは動作が入るかどうか。
- ・おうむ返しは話のポイントを返す。

おうむ返しあいづちのポイントを見つけるコツは、
- ①声が大きくなったところを見つける。
- ②気持ちを表す表現で反応する。
- ③話に多く出た言葉をさがす。

②プロアナウンサーから学んだこと

- ・新人のころ「あいうえお」あいづちを習う。
- ・あいづち上手のメリットは相手に安心感を与えられること。
- ・おうむ返しはその話についてもっと知りたいときに使う。
- ・「単純」あいづちはなるべくしない。
- ・心から相手の話を聞くこと。
- ・0.4秒ほどの短い間にあいづちを打つ。
- ・同じあいづちは3回まで。
- ・おうむ返しは話に力が入る。

③あいづち名人！黒柳徹子さん分析！！

- ・小学6年生と黒柳徹子さんの1分間のあいづち回数を比較した。その結果は、

6年生・・・・・・平均9回
黒柳徹子さん・・・平均14回

断然！黒柳さんの方が多い。
- ・そのあいづちの種類は？1分間のあいづちの種類を今度は比較してみた。

6年生・・・・・・平均3種類
黒柳徹子さん・・・平均5種類

私たちの倍近くあったのだ。
- ・黒柳徹子さんが1分間にしたあいづちの種類はこんな内容だった。

①あいうえおのあいづち・・・約5回
②おうむ返しのあいづち・・・約2回
③単純あいづち・・・・・・約2回
④感情を推察したあいづち・・約1回
⑤挑発するあいづち・・・・約1回
　黒柳さんはあいづちのポイントとなるこれら5種類を全てされたのだ!!

①あーあ。②いーですね。③うん。
④えー。⑤うんうん。⑥えー!?
⑦おー!⑧いーねー。⑨はぁ。⑩へー。
⑪ほぉ。⑫まーねー。⑬まじ!?
⑭うそー!?⑮なるほどー!
⑯はいはい。⑰さぁ?⑱そうですよねー。
⑲すごいですね。⑳そうそう。

　具体的には20個もあった。凄い!!
　ちなみに6年生のあいづちの種類は、
①あいうえおあいづち
②おうむ返しのあいづち
③単純あいづち
の3種類で、どちらかというと私たちには「表面的」なあいづちが多いように思える。

4．あいづちのポイント解説
①「あいうえお」あいづちは動作が入る。
②おうむ返しは、相手の話のポイントを繰り返す。話に興味がありもっとその話を知りたい時などにつかう。
③サッパリあいづち（単純）は、動作なし、口でだけ!電話などで役立つ。
④ハートあいづち（感情推察）は、表情などを見て気持ちに合わせる。
⑤スマイルあいづちは、その場の空気に合わせる。

5．これで、あいづち力アップ！「あいづちゲーム！」

①代表者がいろんな場面のお題を考えておき発表する。
②発表されたお題に合ったあいづちのたくさん入った1分間の会話を、各グループで3分間考えてもらう。
③3分後に考えた会話を発表する。
④どこの班がよかったか手を挙げてもらう。あいづちの回数と「場」のもり上がり方で勝敗を決める。
　私のクラスでしたこの時のあいづちの平均は9回である。

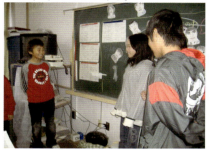

　これはゲームをしているところの写真である。楽しさが伝わるだろうか!?
　このゲームをした時の友達の感想である。ワクワク感が伝わるかなぁ!?

○森山姫子さん（もりやまきこ）
　上手に相手の話を引き出せるようになりたい。面白い話だったらあいづちがうちやすかった。とっても楽しかった。
○堀江夢愛さん（ほりえゆな）
　このあいづちゲームをして分かったあいづちのポイントを書く。
　・マイナスの内容を言わない
　・『場』の空気に合わせる。
　・あいづちと一緒に動作も入れる。
　あいづちの大切さがよく分かった。

　あいづちは会話を楽しくはずませる「隠し味」なのだ。

相手の気持ちをよくする「聴き方」

あいづちを生かした聴き方を2つ紹介します。
どっちもほんの少し意識するだけでマスターできます。
わたくし三宅彩香が
紹介します。

○相手の話を引用してくり返す

「友達がとってもスピーチが上手でね〜。」

「へー。友達がスピーチ上手なんだー！」

「そう、スピーチ、上手なんだよっ！！」

◆発言を手短にくり返すと、「受け入れてもらえた」という安心感から気持ちよく話し続けることができる。
◆相手の気持ちになって肯定的に相手の言うことを受け止め、話の腰を折ったり頭から否定したりしない。
◆意見に賛成か反対かは話を全部聞いた後で判断して伝える。
まずは、相手の意見を全部丸ごと最後まで受け止める。

○別の視点を加えてくり返す

「そう、スピーチが上手いんだよ。」

「そりゃあ、すごいなぁ！」

「そうなんだよ。本当にすごいんだよ！」

◆相手のその時の気持ちをくり返す。相手は感情を共有してもらえたことに満足して、さらに気持ちよく話し続けられる。

7

目は心の窓。「言葉×目線＝十分な伝わり」この公式は重要だ！！

目線力

金山　侑樹

目線力　11のポイント

〈会話〉
1．話している時間の約半分は相手の目を見る。
2．下を見ない。
3．目ばかり見ない。
4．相手の左目を見る。
5．話の区切りで目線をあわせる。

〈グループ〉
1．両端の人に目線をあわせて1〜2秒間見る。
2．目線があったら一度止めて次に移る。

〈スピーチ〉
1．一文につき一人目線をあわせる。
2．Sの字やZの字のように全体を見る。
3．反応をよくしてくれる人を見る。
4．話の段落、区切りで間を取りながら全体をみる。

1.「目線力」をこう考える

目線力とは、相手に内容や好意や関心を伝えるためのアイコンタクトをする力のことです。

2．相手の目を見ることができない!?

一生懸命話しているのに、相手とのコミュニケーションが上手くいかなかった経験はありませんか？

その原因はいろいろあると思います。その中に、あなたのアイコンタクトの量が少なかった、ということがあるかもしれません。話をしている途中で、下を向いたりキョロキョロしたりして、相手を見ていなかったからということです。

アイコンタクトがないと、相手との心の通い合いが薄くなったり切れたりしてしまうのです。逆にアイコンタクトが増加すると、「この人は堂々としているな。」「この人は自分に関心をもっている。」と、プラスに思われるのです。

視線は、相手に対して好意や関心や内容を伝える第一歩であり、最も基本的なことなのです。目線力は重要なのです。

3．僕の調べ活動
①現役アナウンサーにインタビュー

テレビ局のアナウンサーにインタビューをしました。さすが伝えることの専門家。質問には必ず答えてくれました。分かったことをまとめると次のようになりました。僕が、「目線」を意識してがんばって聞いたことです。

・相手の目を見ると反応が分かる。
・相手を見て話す方がよく伝わる。
・下を向くと目線が外れ、伝わりにくくなる。
・目ばかり見ないで顔全体も見る。
・目線を一部だけに固定しない。
・目ばかり見ていると相手は照れてしまうので気をつける。
・話の大事なところで目線を合わせる。

②本で調べました。

次に、もっと詳しく知るために次のような本を読みました。
・「きっと相手の心がつかめる自己表現法」佐藤綾子著【PHP文庫】
・「上手な話し方が面白いほど身に付く本」櫻井弘著【中経出版】
・「話す力が面白いほどつく本」櫻井弘著【三笠書房出版】
・「人前で上手に話せる本」ライフエキスパート著【河出書房新社】
・「お笑い会話力」滝沢ユウキ著【秀和システム】

その結果、こういうことが分かりました。

・話している時間の約半分は相手の目を見る。
・相手の左目を見る。
・目ばかりを見ていると相手は照れてしまう。
・目線を一部だけに固定しない。
・Sの字やZの字のよう全体を見る。
・一文につき一人に目線を合わせる。

- 両端の人にも目線を合わせる。
- 話し始める前に全体を見る。
- 反応をよくしてくれる人を見る。
- 大勢の前で話す時は、いくつかの方向に目線を分配する。
- 話の区切りで目線を合わせる。
- 目ばかり見ないで顔全体も見る。

③テレビを見て調べたこと

　これだけだとまだ情報が足りないと思ったので、午後六時に放送されているNHKのニュースを一週間毎日見ました。次のようなことが分かりました。

- 話の区切りで目線を合わせる。
- 目ばかり見ない。
- 下を見ない。
- 大事なところで目線を合わせる。

4．目線力のポイント解説

　ここでは、「3」の調べ活動で分かったことをまとめて、少し詳しく解説しています。これから話す時はこのポイントに気をつけてください。
＊＊＊＊＊＊＊＊＊＊＊＊＊＊＊
＜会話＞

①話している時間の約半分は目線を合わせる。

・「十分にアイコンタクトを保っていた」という答えが出てきた計測時間は、1分間のスピーチで32秒以上。

②下を向かない。

・下を向くと表情が下向きになってしまい目線が外れ、相手に伝わりにくくなる。

③目ばかり見ない。

・目線を合わさない時は相手の顔全体を見る。

④相手の左目を見る。

・左目は右脳につながっているから感じのよさを伝えられる。

⑤話の区切りで目線を合わせる。

・「――です」「――ます」というような話の区切りの時に目線を合わせる。
＊＊＊＊＊＊＊＊＊＊＊＊＊＊＊
＜グループでの話し合い＞

①両端の人に目線を合わせて1～2秒間見る。

・全員を見るようにする。そのために、両端の人を意識する。

②目線が合ったら一度止めて、次に。

・キョロキョロ見ないようにする。落ち着きがない、集中していないと思われるから。
＊＊＊＊＊＊＊＊＊＊＊＊＊＊＊
＜スピーチ＞

①一文につき一人目線を合わせる。

・これができるようになると、聞き手は「あっ、自分に話しかけてくれた。」と感じてくれます。

②Sの字やZの字のように全体を見る。

・Sの字やZの字のように見ると全体が見えるようになる。

③反応をよくしてくれる人を見る。

・反応をよくしてくれる人は見やすい。聞き手の中には必ずうなずいたり熱心に見てくれたりする人がいるものだ。そのような人を探して、その人に話しかけるように。

④話の段落、区切りで間を取りながら全体を見る。

・この目線は「ゆっくり」が決め手。ゆっくり息を吐いて、吸って、見わたして・・・。

「言葉 × 目線＝十分な伝わり」 だと思います。この公式は僕の「大発見」です！

7
目線力

51

「目線力」をつける学習ゲーム

■「めざせパーフェクト！金山流２分間目線ゲーム」金山侑樹作

◎ねらい
人前で話をする時は、どうしても聞き手を見ることができません。聞き手も話し手を見ながら話を聞くことが十分にできているとはいえません。そこで、２分間で全員に目線を合わせるこのゲームをして、相手と目線を合わせることに慣れるようにします。僕のクラスは34人です。

◎ゲームの説明
1. 各班の代表者が順番にみんなの前に立ち、フロアーの一人ひとりと２秒間目線を合わせるようにします。制限時間は２分間。お互いにしゃべってはいけません。
2. ２分後にフロアーの友達は「代表者」と２秒間以上目線が合ったと思ったら「セーノ、ドン」で手を挙げます。
3. 挙手した人数の多い人が勝ちです。もちろんパーフェクトだったら優勝！
   ※１回のゲームは４、５人がいいでしょう。１週間で全員が「代表者」になるぐらいのペースがお勧めです。

◎ゲームの効果
とても簡単なゲームでしょう。でも、想像以上に盛り上がる楽しいゲームなのです。そして、目線力がグングンと伸びるゲームなのです。例えば、次のような効果が必ず生まれます。

- 目線が合うとにっこり笑うようになり、表情が生き生きとしてきます。
- しゃべってはいけないルールなので、自然と笑顔になります。
- 教室全体を「Ｓの字」や「Ｚの字」で見わたすようになります。
- いつもは緊張して前しか向いて話せない人も、上手に全体に目線を向けるようになるのです。
- フロアーの一人ひとりに体全体を向けるようになります。
- 姿勢も背筋も伸ばし胸を張ってバッチリよくなります。
- 代表者とフロアーが協力しようとするから学級に仲間意識が出てきます。
- 目線を合わせることに恥ずかしさがなくなり、お互いが協力しあうようになってきます。

◎友達の感想
「こんなに人と目を合わせたということはなかったように思います。だから、最初は「大丈夫かなぁ」と心配でした。でも、やってみるととても楽しかったです。話ができないからよけいに目でつながろうとしていました。みんなの前で話す時には、このように体ごと目に力を入れてみようと思います。」

「自分では一人ひとりと目を合わせたつもりなのですが、パーフェクトではありませんでした。２分後にどれだけ手を挙げてくれるかワクワクしました。単純だけど楽しく、スピーチの時などに役立ちますね。」

8

姿勢は、あなたと相手を「つなぐ」最大のコミュニケーションです＞∀＜／

姿勢力

山下　由依子

どこが悪いの〜＞。＜；

よいポイントは、いくつ分かったつ??

姿勢はあなたの「すべて」を伝えマス！！

悪い姿勢

よい姿勢

ページをめくれば、よい姿勢のポイントが！！分かるよ！！

姿勢力　４つのポイント！

1. 両足を少し左右に開く。ずらす。
2. 腰を意識するとよい。
3. あごは人から見てよい角度に。
4. 手の位置は、ひざの上（座っている時）か、前か横（立っている時）に。

1.「姿勢力」ってどういうこと？

コミュニケーションの場で、相手に失礼のない態度を示し続けることのできる力のことである。

2．今の子どもの姿勢は・・・

今の子どもはどうして姿勢が悪いのだろう？私もその子どもの中の1人だ。姿勢をよくしようと思っても、よくないクセがついてなかなか直らない。だからといってこのままだと・・・。

胸を張って堂々と話す人と、体を不自然にゆらしながら話す人の発表とでは、同じ内容でも胸を張っている人の方が聞きやすく、気持ちいいだろう。

コミュニケーションに必要なことの多くは、態度で決まるものだと思う。姿勢によって聞き手の印象が大きく変わるからだ。

姿勢は、よい方が断然いいのだ！

質の高いコミュニケーションを行うために姿勢は重要だと私は考え、そのポイントを見つけようと調査活動を始めた。

3．私の調べ活動
①ビデオ分析をして分かったこと
◎「めんたいワイド」キャスターの<u>城あすか</u>さんの姿勢。

> ①胸を張り、背筋が伸びていた。（腰を意識しているだろう。）
> ②足を前後にずらしで安定していた。
> ③あごは人からみてよい角度！
> ④手は足の横（立っていた時）に自然と。

◎「お笑い処方箋」若手芸人<u>はなわ</u>さんたちの姿勢。

> ①肩幅くらいに足を開く。手は

横か前。
> ②あごは引きぎみ。
> ③腰を意識して背筋を伸ばす。

◎「ぐるぐるナイティナイン」女優<u>財前直見</u>さんの姿勢。（ゲスト出演した時）

> ①胸を張っている。（腰を意識しているだろう。）
> ②座っている時、手はひざの上。立っている時、手は横。

このようにビデオを分析して、私なりのよい姿勢の「仮説」がうまれてきた。

②TVアナウンサーにインタビュー！

TV局のアナウンサーにインタビューをした。その理由は、ビデオ分析で見つけた私の仮の説を確かめたかったからだ。

また、実際にテレビで見ているアナウンサーは姿勢がよいので、この目でそれを確認しようと思ったからだ。

インタビューをして分かったことを5つにまとめてみた。

> ①少し足を開くとよい。
> ②頭のてっぺんから糸でつられているイメージをすると、ねこ背にならない。
> ③腰を意識すると姿勢がよくなる。
> ④座っている時は、手はひざの上。
> ⑤あごの角度は、人から見ていい角度。

③ファッション雑誌や専門の本を読んで調べた！

インタビューで知ったポイントを、雑誌「セブンティーン」「ハナチュー」のモデルさんの写真や、話し方に関係する専門の本「人前で上手に話せる本」「「話す日本語面白ゼミナール」

などの姿勢に関する記述を調べて確かめた。次のようなことが、ハッキリと分かった。

①男性は、足をやや左右に開くとよい。女性は、前後にずらした方がよい。
②天井から頭頂部の１センチ後ろで糸につるされるように、イメージするとよい！
③背筋を伸ばしあごを引くのがよい。
④腰を意識すること！
⑤胸を張っているか？張るとよい。
⑥鏡の前で正面の立ち姿をチェックする。常に自己評価する。
⑦立っている時、手が前か横にある。

これが多くの本を読んで確認したり、新たに調べて分かったりしたことだ。

4．調べて分かったポイントのまとめ！

姿勢力をつけるための究極のポイントとして私は次の４つを提案したい！！

①【足】両足を少し左右に開く。

男性は肩幅くらいに左右に開き、女性は少し前後にするのが安定してよい。

②【腰】腰を意識し下半身を安定する。

腰を意識すると自然と姿勢がよくなる。ねこ背だと格好悪いからやめた方がよい。

もちろん、もっと聞きたい時にひざに手をついてねこ背っぽくなるのはＯＫ！

③【顔】あごは人からみてよい角度！

なぜ、あごは引きぎみがよい！と書かないのか分かりますか？ インタビューした時に「上に目がある人は、あごを引きぎみにすると、目がにらんでいるような感じに見えてしまう。」と聞いたからだ。聞き手の受け止め方が重要だと考えたのだ。人から見てどう見えるかで角度が決まるのだ。姿勢も相手中心だということだ。

④【手】手の位置はひざと横！

インタビューやビデオで調べたところ、座っている時の手はひざの上がよく、立っている時は、横に手を置くのが自然でよいことが分かった。

5．姿勢についての学級での取り組み！

最後にとっておきの情報を！？

私の学級では『全国姿勢をよくする運動推進連盟』というものがある。よい姿勢を広めよう！と友達が作った楽しい連盟だ＾O＾／「全国」というのがいい！

主な活動内容は、「朝の会で１分間、最高の姿勢をしましょう」などと時間と内容を決め、クラス全員によい姿勢を定着させることである。

このような「係」を作るのも、相手との心地良いコミュニケーションを築くきっかけになる。ぜひ、お試しあれ！！

8 姿勢力

あなたもよい姿勢の達人になれるチェックリスト*´д`*

目標:「　　　　　　　　　　　　　　　　　」

番号	内容	1日	2日	3日	4日	5日	6日	7日
1	足を少し開く。							
2	あごは、いい角度！							
3	目線は聞き手へ！							
4	立っている時、手は横か前。							
5	腰を意識して伸ばす！							

あなたの姿勢は、どうですか？
これで毎日姿勢をチェックして、よい姿勢を作りましょう！
そして人から「あの人、姿勢がいいな！」と、思われましょう☆

1点→	できなかった―＿―
2点→	ありゃりゃ＞　＜;
3点→	ふつうだった。
4点→	まあまあ！
5点→	よくできた＾0＾

これを使って、よい姿勢をみがきましょう＞∀＜

書く時も話し合う時も姿勢に気をつけて！

よい話し手を育てるのはよい聞き手です。安心して表現できる関係をつくろう！

自分の「最高の姿勢」で相手と出会いたいですね！

姿勢をよくするのも思いやりだね。

９

身振り手振りで相手に与えるインパクトを強めよう！！
ボディランゲージ力

江田 千亜紀

ALTツゥー先生とのレッスン風景

ボディランゲージ力　３つのポイント！

1. 話の内容と身振り手振りを合わせよう！
2. 今より５倍ダイタンに！
3. 顔の表情、声の調子も身振り手振りとセットで考えよう！

ボディランゲージ力

1.「ボディランゲージ力」って何者？

　ボディランゲージ力とは、相手とのコミュニケーションをより良くするために、身振り手振りを話の中に効果的に取り入れることができる力のことだよ。

2．ボディランゲージの魅力を知っていますか？

「内容はいいんだけど、何か伝わってこないな～。」
と思われたり、言われたりしたことはないだろうか？　あなたの話す内容がたとえ完璧でも、その他に「何か」が足りないと感じたことはないだろうか？

　きっと、みんなにもこのような「経験」があるんじゃないかな！？

　そんな人に、お助けマン登場！その足りない「何か」の正体は、何を隠そう、

　　『ボディランゲージ』

というものなんだ。伝えにくいことがあっても助けてくれるコミュニケーションの正義の味方なんだ。だからお助けマン！

　さあ、私といっしょにこのボディランゲージの魅力を探っていこう。

3．★がんばって調べたよ★
①くまごろうさんにインタビュー

　九州童話賞を受賞されている本村義雄さん（くまごろうさん）を訪ねて、ボディランゲージのコツを教えていただいた。

　例を１つ。
『花火の話をする場合はね、バーンという声だけよりも、両手を広げてバーンと言うと迫力も伝わるんだよ。・・・』
「これだっ！身振り手振りと言葉を合わせばいいんだ!!　おお、大発見!!」

　さすがは全国を口演しながら回っておられる方だ。次から次へと・・・。他にも、こんな事を教えていただいた。

> ・顔の向きも重要なボディランゲージ
> ・聞き手の目を見なさい。自然に身振りも手振りもいっしょに出てくる。
> ・顔の表情や声の強弱も身振り手振り。

②ＡＬＴに直撃インタビュー

　ミスターツゥー。私たちの英会話の先生だ。オーストラリア人の素敵な先生だ。『外国人はボディランゲージが得意で、日本人は苦手。がんばってほしい。』
「んっ、ダメだ。日本人もボディランゲージが得意に！変身しなけりゃ♪」

　ボディランゲージのレッスンをツゥー先生から受けた私は、ますますボディランゲージの魅力にとりつかれていったのだ。（前ページの写真はレッスンの様子）

③テレビ番組「フルハウス」（ＮＨＫ）

　外国人のツゥー先生に刺激を受けた私は、外国のテレビ番組を徹底分析したのだ。「フルハウス」とは大人も子どもも楽しめる（＾Ｏ＾）番組だ。（毎週火曜７時　ＮＨＫ）驚き、楽しさ、悲しみ、うれしさ、・・・伝えたい気持ちを言葉だけじゃなく、体を使って表現している。参考になるよ。一度観てみて（＊＾_＾＊）

④俳優エディ・マーフィーさん

　有名なアメリカの映画俳優。この

人はボディランゲージの☆プロ☆と言っていいでしょう。見ていて何を伝えたいのかすぐに分かった。手の動きで「来い」「待て」などの行動の指示、両手を広げて親近感を示す‥。もちろん言葉も入っているがコミュニケーションが上手だ。

やっぱり外国人の方が‥と思っていたところに‥。

⑤小泉純一郎首相

日本人でもボディランゲージの得意な人を見つけたんですよ！！小泉純一郎首相。演説シーンを思い出しながら読んでね。例えば、

1.「みなさん！！」は手を左から右へなでるように動かす。
2.「分かってもらいたい！」は身を乗り出す。こぶしに力を入れて握りしめる。
3.「一番大切なんだ！」は指を１本突き出す。そして、ハッキリと見せる。

政治のことはまだよく分からないけれど、思いが伝わってくる。聞いている私もテレビを観ながら力が入った！！

４．ポイント解説
①話の内容と身振り手振りを合わせよう！！

・数字‥「１つ」「２つ」と指で示す。
・方向‥「あちら」「こちら」と腕を伸ばし、手で示す。
・形、大きさ‥手で宙に描く。など。

---

②今より５倍ダイタンに！！

もっと大きくハッキリと見せましょう！！何をしているのか分かるように。

③顔の表情、声の調子も変えよう！！

心から相手に伝えようとすると、顔の表情や声の調子も変わってくるよ。体と顔と声の「セット」で伝えようね。

５．千亜紀のスペシャル授業♪♪(^o^)

私たちの学級では、すき間時間にこんなことをしている‥それは「ジェスチャーゲーム！」。伝言ゲームの発展版だよ。

＜ゲームのやり方＞
1. 各列の先頭の人がカードをひく。
2. カードに書いてあった言葉を後ろの人に動作だけで順々に伝えていく。
3. 一番最後の人がその言葉を書く。
※速くて正確だった列が勝ち。

♪とにかくやってみて、楽しいよ♪

ボディランゲージ力をつけるには、このようなゲームで「慣れる」ことも大切だよ。いっしょに競争してみたいね。

9 ボディランゲージカ

ボディランゲージ を話の中に取り入れよう！

ボディランゲージのポイントとなるのは

手
強調したいところで大きく動かす

顔 の 表 情
楽しい話は楽しく、悲しい話は悲しそうに

笑 顔
心を開いてもらうために不可欠

相手に与えるインパクトは大！

にっこり笑顔でコミュニケーションを楽しもうね！

自分から積極的に伝え合うことが大事だね。まずは自分から！

私たちの学校の玄関で

ボディランゲージを大いに活用しよう！

10

メモ力は、機械にはできない人間だけが持つ能力を発揮できる力のことです。

メモ力

日髙　利行

「話を忘れないため」
「話をまとめるため」
「話を整理するため」にします

メモのプロである
朝日新聞社の
佐々木記者に
インタビューをしよう。

インタビューで聞いた
ことを参考に「メモの
ポイント」を調べよう。

メモ力をアップさせる7つのポイント

1. 記号にする。（例：「菊池先生」だったら「K」にする）
2. 固有名詞、数字を書く。
3. 5W1Hを書く。
4. 間違いは鉛筆で斜め線を引いて消す。
5. カタカナで書く。
6. 箇条書きで書く。
7. 接続詞、文末を書かない。

メモ力

1.「メモ力」とは‥僕はこう考える！

メモ力とは、「相手が話したことの中で伝えたいこと、大切なことを記録し、自分の発信にも役立てる力のこと」である。

2．丸写し？ 殴り書き？ 聞き流し？ あなたのメモ力は？

話を聞いて忘れてはいけないことや覚えておきたいことを記録する時にかつやくするのがメモ。話を聞く時に「丸写しにしては、話の内容に追いつけないからだめ」と言われたことがあるだろう。話の内容を覚えておくのは大変。メモすると覚える必要がないから楽だ。

ところが僕たちのメモは・・・。何を書いているのか分からない殴り書き。ひどい人はメモさえしていない。ただの聞き流し・・・。

コミュニケーションの場面で必要なメモ力。僕といっしょに考えてみよう。

3．私の調べ活動
①メモのプロ新聞記者の授業から

「冬のソナタ」で有名なパク・ヨンハさんにインタビューしたこともある朝日新聞報道センターの佐々木亮記者に「メモ」についての授業をしていただいた。

『そもそもメモとは何か』という授業だった。そこで分かったことは次の3つ！

> ・忘れないため。覚えるのは大変で一時たつと忘れていることがあるけどメモは覚えなくていい。
> ・考えをまとめるため。聞いたことからいろんなことを考える時メモを見ると分かりやすい。
> ・整理するため。話は一度しか聞けないからメモを見ると簡単。

この授業で、メモ力について調べてみたくなった。授業後に、佐々木記者にインタビューした。もちろんメモについて。

メモのポイントを教えていただいた。

②本から学ぶ！

「究極のメモ術」竹島慎一郎著（ぱる出版）「話のおもしろい人、つまらない人」（PHP研究所）・・・たくさんの本を読んだ。頭の中が、「メモ」「メモ」になってしまったほどだ！

4．メモの3つのポイントと「おまけ」
①記号化してスピードを上げる

記号にするとは、「寒い」を㋛にする。

話すスピードに負けないためには、文字や言葉を記号化することだ。

②固有名詞、数字を落とさない。

固有名詞とは、地名や人の名前のことだ。重要なことが多いので、これらの言葉はメモすべきだ。

③5W1Hは確実に！

「いつ」「どこで」「誰が」「何を」「どのように」「どうした」のことだ。情

報の重要なポイントなのだ。
　そして、授業中に自分がメモしていて分かったポイント。「おまけ」として‥。

> ①カタカナにする。平仮名で書くより早い。
> ②箇条書きにする。メモの内容を簡単に整理できる。
> ③接続詞、文末を書かない。後でで簡単に思い出せるからだ。
> ④間違いは鉛筆で消す。間違えたところに斜め線を引いて消す。

５．メモをする時の心構え
①「好き、嫌い」ではなく「なぜ・どうして」と考える
　好き嫌いと決めてしまうと、好きなものだけに愛着を持ってしまって嫌いなものはどうでもよくなる。メモする時は、「なぜ」「どうして」と考える発想が必要。「きめつけ」ではなく「気づく」ことがメモでは大切。この問題追究はメモでは欠かせない。
②心でうなずきながらメモしよう
　相手の話を聞いてメモしている時「なるほど」と心でつぶやいてみる。聞いてメモするだけでは、どんなことを聞いたか思い出せなかったことがよくあるだろう。「なるほど」と心でつぶやいてみてキーワードを書くと、なぜかどんなことだったか分かる。

> 聞く → うなずく → 書く

③書き方にこだわらない
　みなさんは、メモの書き方は決まっていると思うだろう。しかし、メモにはこれといった書き方は決まっていない。いつメモをとるか分からないから書き方にこだわっていたらメモをするひまがない。「記号にする」「大切なことを書く」この２つさえ頭に入れておけばいいだろう。

④メモ力アップのために日頃から心がけておく５か条
①好奇心を持つ。どんなことにもすすんでやろうとすること。
②遊び心を持つ。メモをする時ビシッとしすぎない。余裕が大切！
③派生的に追究する。分かったことから出てくる「なぜ」「どうして」を追究する。
④じっくり観察する。メモしたことをいろんな角度から考える。
⑤妥協せず心ゆくまで考える。すぐに話をまとめようとせず心ゆくまで考えて、考え終わったらまとめること。

　この５か条を心がけていると、すぐにも情報があなたに集まってくるだろう。

　次のページにはメモ力をアップさせるためのゲームをのせているよ。挑戦してね！

メモでスピーチ再現ゲーム

　このゲームは、メモ力を確実に身につけることができるようにと考えて作りました。楽しみながら行ってください。
　ゲームの内容は、友達のスピーチをメモをしながら聞いて、その後にメモをもとにスピーチを再現し合って、その正確さを競うものです。「3回」繰り返すと、びっくりするぐらいにメモ力が身につきます。

簡単な進め方とルール

1. 3人組を作る。

2. 審判、スピーチ担当、メモ担当の役割を決める。
　各自が、1分程度で読める文章を決める。
　・時間は、3人で話し合って決めてよい。
　　30秒、1分、3分の3パターンぐらいがちょうどよい。
　・文章は、身近な文章であればなんでもよい。
　　教科書、新聞記事、学校から配られる連絡プリントなどでOK。

3. スピーチ担当者は、自分が選んだ文章をスピーチする。
　メモ担当者と審判はメモをする。

4. メモ担当者はメモを元に再現スピーチをする。
　審判とスピーチ担当者はその再現スピーチを元の文章を見ながら聞く。

5. 審判はそのままで、スピーチ担当者とメモ担当者が交代し、3と4を行う。スピーチする文章は自分が選んだもの。

6. 審判は、どちらの再現スピーチがより正確だったかを判定する。
　判定には必ず理由を付け加える。

7. 3人組の役割を交代して、対戦をくり返す。

8. 3人組の中で優勝者を決める。

11

あなたの傾聴力は、大丈夫？　話し上手は聞き上手！

傾聴力

井口　和彦

集中、集中。
「聞き上手は話上手」

相手から聞き出して、調べよう。
聞き方がよければ、たくさんの
情報をもらえるはずだ。

時には、相手の顔を見よう！！
話し合いは聞き合いだね。

傾聴力アップ。　4つのポイント

1．集中して、聞く。
2．聞いて書く。そして、活用、再生する。
3．聞く力は、質問とセットにして鍛える。
4．事実と意見の区別をしながら聞く。

11 傾聴力

1.「傾聴力」とはこんな力です！

傾聴力とは、相手の意見や気持ちや感情などを相手の立場に立って聞くことができる力のことです。

2．人の話を聞いていますか？

「あなたは人の話を聞いていると自信を持って言えますか？」

このように聞かれて、『ハイッ』と手を挙げることのできる人は少ないでしょう。

僕も、ダメです。手遊び、ぼんやり、友達とおしゃべり・・・。

「聞いているの？　今は、夢の中？？」

「話している人に失礼でしょ！！」

こんなことを友達や先生から言われてしまうのです。

3．6年1組の「特訓」の紹介

「聞き上手は話し上手」と言われます。聞く力が育つと話す力もグングン伸びていくとも言われています。では、どのようにすればその聞く力が育つのでしょう。

僕たちの学級の「聞く力」を育てるちょっとした取り組みを5つ紹介します。

No.1「3分間の沈黙」

話を聞くためには、集中力が必要です。このことをこの取り組みでは実感することができます。

『3分間黙って、聞こえてくる音を全部書きます』

という先生の指示で始まります。僕達は、意外とたくさんの音が聞こえてくることにビックリします。5年生の時は、平均15個でした。そして、10分ほどたった後に、もう一度同じ事を行います。

ほとんどの友達が増えています。

この取り組みをした後、先生の話や友達のスピーチを聞きます。みんな集中して聞けるようになっています。

この「沈黙の3分間」を学期に数回行うと、耳に神経を集中して聞こうという自分に成長してきました。

No.2「明日の連絡は聴写で」

毎日の連絡を聴写することによって聞く力を鍛えています。先生の話を聞き取って書くのです。

最初は、
・朝の会の今日の連絡
・帰りの会の明日の連絡
が中心でした。最初はゆっくり、何度かくり返すことから始まったのですが、慣れてきたらスピードが上がり回数も減ってきていました。

先生は、早く書けた友達に読ませて、みんなに内容を確認させています。

上達してきた今は、
・ある程度まとまった話
・各授業時間の問題文
なども聴写しています。

聴写できないと自分が困りますから、僕達も一生懸命に聞こうとします。3か月もするとみんなスラスラ書けるように＝聞けるようになってきました。

No.3「読むのは1人」

1人が教科書やプリントの文章を読み、他のみんなはそれらを見ないで聞くのです。そして、その内容がよく伝わったか、どのように伝わったかを発表し合うのです。主に国語

の時間に行う活動です。

　最初は、読み手の読み方に意見が集中しますが、少しずつ積極的に聞こうとするようになります。時々CDカセットを使うこともあります。この活動を行うと、
・物語的な文章だと、豊かにイメージしながら聞く
・説明的な文章だと、論理展開に気をつけながら聞く
　という効果があると先生は言っています。

No.4「聞いた後は質問タイム」

「話を聞いたら必ず質問する」が学級の合い言葉になっています。「質問するまでが話を聞くことである」と決めるのです。聞いている時は、びっくりするほど積極的に聞こうとします。

　次のような質問の基本形が教室にはあるのです。

> ・〜ということですね。
> ・なぜ〜なのですか。
> ・例えばどんなことがあるのですか。
> ・もし〜だったらどうするのですか。

　くり返すたびに学級の基本形が増えてきています。

　話を聞くということは受身の活動ではなく、自分から積極的に行う活動なのだということも分かり始めました。自然とメモを取り始める友達も増えてきます。

No.5「事実と意見の区別ジャンケン」

　話の聞き方が不十分な僕たちに多いのが、事実と意見の混同です。聞き分ける力が不足しているのです。

　そこで、僕たちの好きなジャンケンでこの聞き分ける力を育てています。先生や友達の話を、1文ごとに事実か意見かを聞き分けて、ジャンケンで示すのです。ゲーム感覚で行います。

> ・パー・・事実。
> 　　「昨日は雪が降りました」
> ・グー・・意見。
> 　　「とてもきれいだったです」
> ・チョキ・・両方ある。
> 　　「3センチ積もって、ビックリしました」

　この聞き分けることができるようになると、話を聞き終わった後に話し合いや質疑応答が落ち着いたものになってきます。誤解が少なくなり、冷静に人とのコミュニケーションができるようになってきます。

4.「聴き方表」で傾聴力アップ！

　次のページに「6年1組『傾聴力』10のチェックポイント」を載せています。これで傾聴力は10倍アップします。挑戦してみてくださいね。

11 傾聴力

「傾聴力」10のチェックポイント

人と向き合いキチンと話の聴ける力をつけたいですよね。あなたの「はい」の数は何個？めざせ！パーフェクト！

	質問項目	はい	いいえ
①	相手の顔を見て聞いていますか？		
②	目を輝かせて聞いていますか？		
③	うなずいたり、あいづちを打ったりしていますか？		
④	相手と意見が違っても最後まで話を聞いていますか？		
⑤	相手を非難しないで、話された内容に耳を傾けていますか？		
⑥	話を聞くばかりではなく自分の考えや意見も述べていますか？		
⑦	相手の話から「学ぼう」という気持ちで聞いていますか？		
⑧	必要に応じてメモをしていますか？		
⑨	相手に失礼のないような礼儀正しい姿勢で聞いていますか？		
⑩	相手に感謝の気持ちをもって聞いていますか？		

1年生との会話。このように同じ目線で話を聴いてあげることが大事だね。

ディベートは聴く力を伸ばしてくれます。聴かないと話せないからです。集中して聴く力が身につくのです。

12

質問は、相手を大事にしながら、自分を積極的な人間に変身させる決め手！

質問力

窪田 玲依良

質問力　3つのポイント

質問は相手を気持ちよくさせるものである！

1. 相手の話をよく聞いて、その中から質問を見つける！
2. 具体的な質問が具体的な回答を引き出し、会話や対話を深める！
3. 事前の準備とその場の流れにあわせることが、質問の「質」を高くする！

12 質問力

1.「質問力」を私はこう考える！

質問力とは、相手の気持ちの中に入り込み、必要な情報を得るとともに、お互いの人間関係を楽しくすることができる「問いかけ」の力のことである。

2. 質問に自信はありますか？

「質問しようとしたけれど、どう聞いていいのか分からなくて困った。」
「『質問はないですか？』と聞かれたけれど、黙ったままだった。」
といった経験は誰にでもあるだろう。

実は私も質問は大の苦手だったのだ。「質問」という言葉を聞いただけでも、「どうしよう・・どうしよう・・」と思うばかりで顔が真っ赤になるほどだったのだ。

そんな私が、「質問力とは何か」をテーマに調べた記録をここに公開しよう！感動と涙？？の記録なのだ！！読んでね。

3. プロに学べ！プロに聞け！

質問に関係する本を何冊も読み、ノートにポイントをまとめた後、テレビ局のアナウンサーにインタビューした。仕事上たくさんの方にインタビューをされ、「質問のプロ」だと思ったからだ！

> Q：質問のポイントは？
> A：番組で、窪田さんをテレビ視聴者に紹介するとしましょう。まず、事前の準備をする。趣味は？ご家族は？学校で興味のあるものは？など。次に、必要な情報を集めたら、知っていただくためには質問をどう組み立てるかを考える。
> Q：具体的に聞くことが大事？
> A：「明るい人」ではだめ。どういうことで明るいのか？具体的な質問をたくさん作る。そうすると具体的な答えが返ってくる。抽象的だと答えが返ってこない。具体的だと次々と質問が生まれてくる。「どうして～なのですか？」では抽象的で、すぐに答えが返ってこないことがある。具体的だと答えから質問をつなげることができる。
> Q：事前の準備とその場で考える？
> A：たくさん用意することも大事であるが、相手の答えから続けていくことも大切。あなたの趣味を紹介するのではなくて、あなた自身を紹介するのである。いろんな角度から知る。

私が読んだ本の一部です。「質問力」は奥が深い。

> Q：その力を伸ばすトレーニング法は？
> A：いろんな人と話をすること。相手の話をよく聞いていないといけない。機械的に準備した質問だけではダメ。相手の答えを聞いているか。答えてくれたことに次の質問を。どうしてもだめなら準備していた次の質問をする。いつも聞いたことに対して「自分はこう思う」というやり取りを意識しておくことが大切。

約30分間のインタビューだった。

私の頭はその間ずっと「フル回転」していた！質問の魅力が分かった気がした・・。

何を聞いてもていねいに答えてくださいました。ありがとうございました！！

やっぱり「プロ」はすばらしい！！

４．お待ちかね！質問のポイント！

約２か月間の「質問力とは何か？」の 修行を終えて、私が見つけたそのポイントをまとめてみた。ドド～ンと大公開！

```
１．事前の準備を必要に応じてする。
２．具体的な質問をする。
３．相手の話をよく聞く。
４．相手の話から次の質問を見つ
   ける。
５．聞いたことに対して自分の意
   見・感想を持つ。
６．相手に話してもらおうという
   姿勢や気持ちを伝える。
７．質問（対話）は人間関係を作
   る基本。
８．「人権」に関する質問はひかえる。
９．相手も自分も楽しくなる質問
   をする。
```

５．窪田流オリジナル質問ゲーム！

続けて、質問力をアップさせるとっておきのゲームを紹介しよう。このゲームは低学年でも大丈夫。

５年生から菊池先生になり、いろいろな授業をしてきた。その中には、質問力を鍛える授業もたくさんあった！例えば、「なぜ～なぜならゲーム」「よい質問を知ろうゲーム」「対決型問答ゲーム」・・。そんな授業を受けながら、私なりに質問力を伸ばすゲー

ムを考えたのだ。ズバリその名は、「隠し言葉当てゲーム」だ。

☆★☆★☆★☆★☆★☆★☆★☆★
＜ルール＞
①質問チームと回答チームに分かれる。１チーム約８人。
②回答チームは、隠す言葉を選ぶ。
③質問チームは、隠された言葉を質問によって当てていく。
④質問チームは、１人１回は質問する。
⑤質問は「イエス」「ノー」で答えられるものとする。
⑥10回以内で当てなければ負け。
⑦制限時間は２分間。
⑧作戦タイムは３回以内ならＯＫ。
＜注意＞
・個人的な隠し言葉はＮＧ。（○○君の鉛筆など）
★☆★☆★☆★☆★☆★☆★☆★☆★
このゲームをすると、次のようなメリットが確実に発生するのだ。
• 質問を続けることに抵抗がなくなる。
• 聞いて答える関係に慣れてくる。
• ゲームだから教室が楽しくなる。
（普通は質問というと暗くなるのに…）
そして、最大のメリットは、

```
ゲーム感覚で楽しめるのに、「広い
所から狭い所へ」というよい質問
の組み立てがとてもよく分かった。
（久我朋子さん）
```

と友達が感想に書いてくれたように、質問の「大きさ」の違いが分かり、その使い分けができるようになるということだ。

質問力を磨いて楽しい会話をしようね。次のページにも簡単に楽しめる質問ゲームを用意しています。教室が明るくにぎやかになりますよ。

質問力アップ「なぜ〜なぜならゲーム」

私たちの教室で「すき間時間」によく行っているゲームを紹介します。その名は「なぜ〜なぜならゲーム」です。
2人組で行う簡単なゲームです。質問力もアップする楽しいゲームですよ。みんな笑顔になれますよ！

◆ゲームのやり方

1．2人組となってジャンケンをする。
2．勝った人は、負けた人に、
　・夏休みは好きですか？
　・給食は好きですか？
　・算数の勉強は好きですか？
　などと、質問をする。
3．負けた人は、「ハイ」か「イイエ」で答える。
4．質問する人は、「なぜですか？」と続けて質問する。
5．答える人は、「なぜかというと〜だからです。」と質問に答える。
6．4と5をくり返す。

◆ルール

1．2分間続ける。
2．質問に3秒以内で答える。
3．3秒以内で答えられなかったら負け。
4．ある特定の人のことや下品な内容の質問はしない。

このゲームは、
1．続けて質問することに慣れる。
2．理由を考える力がつく。
3．人の話をよく聞くようになる。
4．友達と仲良くなれる。
といったメリットがあるよ。
友達と楽しくやってね。おもしろいからね。

13

印象に残るコメントができますか？コメント力はあなたのよさを広げます！

コメント力

中村　心

コメント力　6つのポイント

1．ありきたりの言葉を使わずに表現する。
2．相手中心の考え方でコメントする。
3．「その最中」から後で述べるコメントを考えておく。
4．その場の状況を考えた上でコメントする。
5．コメントに必要なミニポイント「3」。「ユーモア　インパクト　意外性」
6．飾りを付けずストレートに短い言葉で。

13 コメント力

1. これが「コメント力」だ！

相手の話やある事柄に対して、目的や相手、場などを考えて、自分の感じたことや考えたことなどを「おっ、うまい！」と言われるような言葉で表現できる力のことです。

2. あなたは、心に残るコメントができますか？

「巨人軍は、永久に不滅です。」お父さんがビールを飲みながら言った。

このコメントは僕が生まれる何年も前のコメントだ。

なのに、なぜ心に残っているのか？

何か秘密があるに違いないと思い「コメント」について調べてみた。

3. コメント調査の道

①ビデオ分析『スポーツ選手シリーズ』

・ＮＨＫ　サンデースポーツ 10:00

＜バレンタイン監督　プロ野球監督＞

みなさんも知っているようにバレンタイン監督率いる千葉ロッテマリーンズは、今年優勝した。テレビでも多くの素晴らしいコメントを残しています。

「チームは万全、明日のゲームが楽しみだ。明日のディナーよりもね。」

このコメントは、ホークスに勝った夜、ファンに向けておくったコメントだ。

このコメントの良いところは3つ。

---

①「ディナー」という意外性。
②ファンのことを考えたユーモア。
③インパクトも○。

・有名スポーツ選手のコメント

♪少し古いけど有名なコメント♪

◎ 谷亮子選手　柔道　2000年
「最高でも金、最低でも金」

この後には、「初恋の金メダル」とも言っていた。

◎ 北島康介選手　水泳　2004年
「チョー気持ちいい」

このコメントは、アテネ五輪100m平泳ぎで、優勝した後のインタビューで全世界に流れたものだ。

上の2つとも自分の気持ちをストレートに表している。流行語にもなったコメントだ。スポーツ選手は、素直にありのままの気持ちを表したコメントが多く、レベルも高い。

まとめてみました！！

~~~~~~~~~~~~~~~~~~~

1. 自分の気持ちを素直にコメントする。
2. 場に合わせてコメントする。
3. 相手のことを考えてコメントする。

~~~~~~~~~~~~~~~~~~~

②ＴＶアナウンサーにインタビュー

菊池先生の紹介で、テレビ局を訪ね、アナウンサーにインタビューをした。コメントのコツを教えていただこうと考えてインタビューを試みたのだ。

Q：物を食べた時、どう表現しますか？
　（食事に関する実況を想定して）
A：まずどういう味か。目で見て、五感を使って。音や香り。それをどう表現できるかがポイ

ント。「おいしい」は最後に言えばいい。

なるほど・・五感の活用！・・納得！
他にインタビューで分かったことは、

1. 自分なりの表現でコメントする。
2. たくさん言うより、より分かりやすいコメントを心がける。
3. 情景描写をする。（見たことをタンタンと声に出す訓練を。）
4. 「具体的に、具体的に」表現する。
5. 文学作品を読み、言葉、表現の幅を増やす。

以上のことだ。この５つをマスターすると、コメント力がグーンとアップ！

③本から調べて・・・・・。

僕は、このテーマに関する本を4冊読んだ。何度も何度も読み返した。もちろんよいコメントとは、と考えながらだ。そんな中で、齋藤孝氏の「コメント力」を読み、次のような内容に出合った。

コメントには意味のあるコメントと、意味はないが面白いコメントの2パターンある。
意味のあるコメントとは「お得感」のあるもの。面白いコメントとは場を盛り上げるコメントだ。

この2つのコメントの「急所」をマスターするとコメント力も完全！？

4．ポイント解説
①ありきたりの言葉を使わず表現する

これは、「おいしい」や「楽しい」などを多く使わず具体的にどうだったのかを表現すること。

②その最中からコメントを考えておく

例えば、見たことについてだったら見ている最中からコメントを考えておくということ。何事も準備が大事。

③コメントに必要なミニポイント3

「ユーモア　インパクト　意外性」

バレンタイン監督はこの3つをクリアしている。これをお手本にしてコメント力を身につける。

④相手中心の考え方でコメントする

会話は、キャッチボールなので、聞き手である相手を考えてコメントしないといけない。自分中心ではダメなのだ。

⑤その場の状況を考えてコメントする

場の雰囲気をなごませたり、状況に合わせてコメントを変えたりして、良い方にもちこむ。修行がいりそうだ・・。

⑥飾りをつけない

無駄な言葉をなくし、ストレートに気持ちを伝えること。「名コメント」は短いものが多い。前のページのスポーツ選手の言葉もそうだ。

コメント力を伸ばすために、この6つを意識した生活をしよう！

13 コメント力

「コメント力」発展順路！

「A」のレベルをめざそう！
自分らしさを出して、
相手と場を楽しくしよう。

C オリジナルだが
おもしろくない

A オリジナルで
おもしろい

D オリジナルでなく
おもしろくもない

B オリジナルではな
いが、おもしろい

オリジナル度 → おもしろ度

コメント力を高める順路

まず、自分がどこにいるのかを見つけよう。見つけ方は簡単。
1. あることにコメントしてみる。
　（テレビや友達のワンシーンなどにコメントしてみよう。）
2. 「オリジナル」「ユーモア」の２観点で判定する。
　（友達に気軽に判定してもらおう。自分でしてもいいよ。）
「D」からスタートしても、少し心がけて生活すれば矢印に沿って
「A」にレベルアップしますよ。

さんまさんに学べ！会話を弾ませるリアクションのコツ！！

リアクション力

森山　姫子

相手の話を受け入れるのが
ポイントかぁ。
もっとたくさん見つけよう！！

リアクションって
コミュニケーションに
欠かせないっ！！

さすがさんまさん！
リアクション名人だ！

いつ・どんな
リアクション
するのかなぁ？？

さんまさんから学んだリアクション力　８つのポイント

1．相手の話を受け入れる。
2．最後まで話を聞き逃さない。
3．リアクションの出来る体勢でいる。
4．脱線したことを言って話にはずみをつける。
5．時に応じて相手と同じ立場になる。
6．軽いツッコミを入れる。
7．少しピント外れのことを言う。
8．相手の言葉をくり返す。

14 リアクション力

1.「リアクション力」ってな～に？

リアクション力とは、相手の言ったことに対して表情・体・声を使って反応し、相手に安心感や親密感をあたえる力のことである。

2.言葉だけじゃ会話ははずまない

「人の話ちゃんと聞いてるの？」

こう学校や家で言われたことはないだろうか。そうだとすると、それはあなたの反応・リアクションが薄いからなのだ！

例えば明石家さんまさん。この方の番組でのトークは言葉だけではなく、手をたたいたり、体を動かしたり…。

それらは「君の言ったことはしっかり受け止めた」という合図なのだ。この合図を相手に送ればもっと会話が楽しくなる。つまり、リアクションが会話では重要なのだ。

しかし！このリアクションが今、薄くなっている！リアクションがこのままなくなってしまうと白けた世の中に…。そんなのいやだぁ！！と、思う君！！

今すぐリアクション力を身につけよう！

3.さんまさんは奥が深い！！

今はお笑いブーム！！！リアクション芸などもある。若手の方もなかなかおもしろいなぁ・・・。でも、さんまさんがやっぱり一番！！私の「先生」なのだ。

そこで、テレビ番組「踊る！さんま御殿」、「さんまのまんま」、「さんまのスーパーからくりＴＶ」等を一ヶ月間分析！　みなさんにある日の「さんまのまんま」を中心に、さんまさ

ん流リアクションのポイント紹介するぞぅっ！ゲストは久本雅美さん。そう、マチャミだったのだ。(さ→さんまさん、久→久本雅美さん)

①相手の話を受け入れる。

相手の話を受け入れるということは、リアクションが上手になる第一歩。

それでは、さんまさんを見てみよう。

「久：～なわけよ。」

「さ：そうやなぁ。うんうん。」

このように相手の話を否定しない。話の筋をきちんと理解した上で受け入れ、その場に合ったリアクションをするのだ。

②最後まで話を聞き逃さない。

あなたは人の話を聞き逃していないかな？話を聞き逃がしたり、さえぎったりすると上手なリアクションが出来ないよ。

さんまさんの番組はたくさん見た…。でも、人の話を聞き逃しているところ、話を否定しているところはなかなか目にしない。ユーモアあふれるボディランゲージや相手も楽しめるあいづちなどを常にしている。う～ん、話を聞き逃さないことは大切だな…。

③リアクションの出来る体勢でいる

この場合のさんまさんを見てみよう。

「さ：(倒れながら笑う)」

「久：そんでな・・・。」

「さ：おうおぅ（座りなおす）。」

このような場面を他の番組でもよく目にする。みなさんも見たことがあるだろう。相手が次に話すことにリアクションできる体勢を整えておく。決して倒れたままではないんだ。ここに相手への思いやりが出ているなぁ。

④脱線したことを言って話にはずみ

をつける

　さんまさんは、さりげなく話を脱線させるのがとてもうまい！
「さ：海でたたずんでる・・。さぁ、どんな歌を歌う？」
「久：ざわわ、ざわわ♪（歌いだす。）」
「さ：こんなために私は生まれてきたんじゃ…。（わざと関係のない話をして会話を脱線させる）」
「久：えぇっ！わたし！？」

　こんな感じで話をずらしている。会話にはずみがついたのがわかる？こうするとますます場が楽しくなるよっ！

⑤時に応じて相手と同じ立場になる

　さんまさんが、
「そうそう。俺も、俺も。」
と言っているのをよく聞かないだろうか。これは相手と同じ立場になっているのだ。相手との共通点を作り、会話をスムーズに運ぶ！ここがさんまさんの人気の秘密。

⑥軽いツッコミを入れる

「ツッコミ」もリアクションの一つ。さんまさんは具体的なツッコミを入れる。
「〜みたいやな！！！」
「お前、〜といっしょやないか！！」

　見たことないかな？人やものに見立てたツッコミが相手を納得させると笑いになる。相手のゲストも大喜び。

　このような見立てツッコミが上手になると、その場がもっともっと楽しくなるぞ!! もちろんボケも必要だけど・・。

⑦少しピント外れのことを言う

　ピント外れのことを言って相手からの言葉を引き出す。
「久：心にいてはるんですか？私が？」
「さ：心どころか夢にまででてきますもん。」

「久：うっそぉ！キャー！うれしい!!」

　さんまさんは一方的にしゃべって相手に「うんうん」と言わせることはない。

　上の会話でも分かるように大げさに会話を広げたり、例えたりして相手の言葉を引き出すんだ！さっすがさんまさん！

⑧相手の言葉をくり返す

　さんまさんは相手の言った言葉をくり返して問い、そして話を進めていく。
「久：バツイチでもウェルカムですよ！」
「さ：ウェルカムなのぉ？？」

　これもよく見るパターン。言葉をくり返すというのは相手に安心感をあたえる。何も言わず首を縦に振るだけでは「本当に伝わったの？」と不安になってしまう。

　このテクニックはあまり重要ではないと思っていたかもしれないけれど、本当はとても大切なのだ！

4．思いやりがリアクション力の命

　さんまさんは絶対に「人を傷つける」ということをしない。常に人を思いやるトークをしている。上の8つのポイントは思いやりがあふれた行為だ。

　あなたも「先生」を見つけてマネをしてリアクション力を身につけてね！次のページはお待ちかねのリアクションゲームだよ。ぜひ挑戦してみてね。

　お題は自分たちでも作ってみよう。10倍楽しめるよ！普段のおしゃべりでも言葉を選んで使えるようになる！ゲームをして言葉のセンスをみがこう！

14 リアクション力

79

14 リアクション力

お茶の間　リアクションゲーム!!

「さんまさんのリアクションをマネしたい！」
と、思ったことはない？でも、自信がない。普段から相手のことを意識していなかったり、上手なリアクションが出来なかったりすると思っているから・・。フッフッフ・・・、でも大丈夫！！！さんまさんに一歩でも近づけるように、このゲームを考えたのだぁぁ！（しかもおもしろい。まぁ、だまされたと思って、ね？）

＜ゲームのコツを伝授！＞
このゲームでリアクションを楽しくさせるには、「表情・体・声」を使うこと！おもdろい文でも無表情、棒読みだったらおもしろくなくなってしまう・・・。
「表情でおもしろさが変わった。動作がないとあまり楽しくなかった。」
これは私のクラスの森君の感想。一つでも欠けてしまうと楽しくなくなるのだ。
「表情・体・声」は3つで一つ！！これをマスターしたアナタはリアクション名人！！（かも？）

ゲーム説明↓

○ルール
1. グループ(四人程度)で一人代表者を決める。
2. 親子の会話の中で、自分の言葉が一ヵ所空いてるのでうめる。
3. グループで役を決め、練習する。
4. いろいろな賞を決めて楽しむ。（「笑えたで賞」などなど…）

＜判定基準＞
・「表情・体・声」をうまく使っているか。
・場の雰囲気が分かっているか。

パターン1　テストの点が悪くって…。
母　「お父さん、これ・・」
父　「何だ！この点はっ！！（怒）」
母　「どうしてイキナリこんな点・・。」
自分「たっだいまーっ！（なにも知らず帰ってくる。）」
父　「何なんだ！？この点は！？」
自分「　　　　　　　　　　　」

私が選ぶ、優秀作品！日髙利行君
「それ誰の？」
参考にしてね♪

笑えたで賞!!!森康平君
「どーせ、二丁目のおばあちゃん家でしょ？」

パターン2　旅行に行きまーす！！
母　「えー、お知らせがありまぁす♪」
弟　「なにっ？なぁに？」
母　「四日後、旅行にいきまーす！」
自分「　　　　　　　　　　」
弟　「わぁい！！」

パターン3　笑えねー…
弟　「昨日のテレビ面白かったね。」
父　「あぁ。」
母　「マイケル・ジョウダンがまぁ、いけるじょうだん言ってたよね。」
自分「　　　　　　　　　　」

ピッタリで賞　三宅彩香さん
「あ…パンパカパーン！これぞ伝説のおふくろギャグ!!」

15

相手が聞き取れる発音で伝えたい内容を話そう！

滑舌力

滑舌力アップの「舌のトレーニング」　　　小田　恭平

内容も大事だけれど、声も鍛えていないとダメなんだ。

舌の動きがポイント！

ハキハキと美しい日本語に。

毎日少しでもいいからトレーニングしよう！

滑舌に話ができるようになる４つのポイント

1．「舌の動き」を意識して話そう。
2．吐く息をコントロールして話せるようになろう。
3．自分の声を点検し、ハッキリと発音できるようになろう。
4．トレーニングをして声を鍛えよう。

15 滑舌力

1.「滑舌力」って、なに？

滑舌力とは、ハキハキと美しい発音で伝えたい内容を相手に届けることのできる力のことです。

2. あなたは滑舌に話していますか？

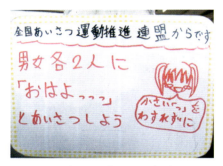

この写真は、僕たちの教室の入り口に毎日かけられているホワイトボードです。

朝の教室に「おはよっっ」と元気よく「滑舌」に言って入りましょう、という意味です。ハッキリとした発音をしなさいというメッセージなのです。

僕たちの学級では、この「滑舌に」が合い言葉のようになっているのです。あいさつだけではありません。例えばスピーチ。僕たちが考えているスピーチとは、

○あるひとまとまりの内容を、決められた時間内に、筋道を立てて話すこと
○正しく伝わるような声で話す

という＜内容＞と＜声＞の２つがポイントとなる表現方法のひとつです。ただ話せばいいのではなく、＜声＞が重要だと考えているのです。普段の会話と、人前で改まって話すスピーチとでは、そこに大きな違いがあると考えているのです。

この＜声＞がお互いの関係をよりよいものにするポイントであると考えているのです。

これから、僕なりに考えている「滑舌力」を伸ばす方法を書いていきます。

人に何かを伝えるためには、キチンとした発音が必要です。ぜひ参考にして、みなさんも相手とのコミュニケーションを今以上に楽しんでください。

3. 滑舌力アップトレーニングその１
＜発声のポイント＞

『アー』の長音を練習します。『アー』と一息で長く声を出すことより、吐く息をコントロールするコツを身に付けます。均等に同じ強さで持続し

て『アー』と出せるよう練習します。※声の高さは、無理なく素直に出せる高さが一番よいでしょう。のどを締め付けるような力んだ感じの声になるのは、のどを痛める可能性があるのでやめましょう。

＜発音のポイント＞

まず「母音」の口の開きや舌の位置に気をつけます。自分では上手くできていると思っても、鏡で見たり録音して聞き直したりして自己点検してみましょう。

「ア」が「エ」に近かったりしゃべり方が早すぎて聞き取りにくかったりするものです。繰り返しの練習が必要です。

次は子音です。子音の中で、特に

気をつけた方がいいのは主に次の「行」です。
「サ行」（サシスセソ）のうち「サ」が「tha」になったり、「シ」が「se」になったりしないように注意します。

他には「ダ行」「ラ行」「ナ行」も集中的に練習する必要があります。発音が似通ってしまうことが多いからです。

また、「ハ行」も気をつけてください。この行は、空気を大量に使う行です。一度に息を出し切ると後が続かなくなります。「ハ行」の言葉が連なる時には息の調節が必要なのです。

4．滑舌力アップトレーニングその2
＜舌のストレッチ＞

①舌を思い切って出してみましょう。
「あっかんベー」をするように。舌で鼻の頭をさわれますか？付け根から伸ばします。無理やり伸ばすのではなく、舌が、「たら〜」と下に引っ張られるイメージです。
②下歯の裏側を舌でさわります。下歯に舌で弧を描きます。あごも大きく開きます。これが緊張した状態です。次にリラックスさせます。舌は下歯を触ったままです。あごも自然に閉まります。何度か繰り返しましょう。最初はゆっくり、そして速く。
③舌を右、左、上、下の順番で動かします。次は、左、下、右、上の順番です。動きをスムーズに、舌先で円を描くように動かします。

＜顔のストレッチ＞

あなたの顔、こっていませんか？顔の筋肉がこっていると、口がよく動きませんから滑舌が悪くなります。やわらかい顔は、表情ゆたかな声を出すことができます。ほっそり小顔になる効果もあります。

〜トレーニング方法〜

①顔を左右に伸ばします。口元、まゆ毛、目が両サイドに広がるように。
②上下に伸ばします。口が縦に大きく開き、目、鼻、額、も上下にひっぱられます。
③外に大きく伸ばします。中心にむかって縮めます。全ての筋肉を使って。
④手のひらで優しくマッサージをします。力を入れすぎると逆効果です。

＊＊＊＊＊＊＊＊＊＊＊＊＊＊＊＊
いろんなトレーニング方法を紹介してきました。どうでしたか？参考になりそうですか？　最後にとっておきのトレーニング方法を紹介します。それは、

> ビデオで自分の話を撮って声を聞く

ということです。『ドキッ』としますよ。

読む力もミルミルついてくる「滑舌」音読ゲーム

みんなが集中して取り組める楽しいゲームです。時々、教室でしています。音読が苦手な友達もスラスラ読むことができるようになります。もちろん滑舌力もアップします！僕たちの学級でしているこのゲームを紹介します。

ゲームの進め方

(1) ゲームの説明をする。
「ペラペラとすごいスピードで音読をするゲームです。自分の記録を縮めます。」
- ストップウオッチで時間を計りながら、先生が教科書の１ページを一気に早口で読む。（先生でなくても自信のある人だったらＯＫです。）
- 計った時間をみんなに教える。
- 読む場所を決めて、希望する友達２名ぐらいに挑戦させる。
- 「ヨーイ・ドン」で先生が時間を計り、早口音読を１人ずつさせる。
- 練習前の記録を縮めることが目標であることを全員で確認する。
- 滑舌に読めていない場合は「アウト」とするルールを決めて確認する。

(2) 全員で練習する。
① 練習前の記録を計る。
② 個人で練習する。
③ ２人組やグループで練習する。
④ 練習後の記録を計る。

(3) みんなでほめ合う。
- 記録を縮めようとがんばっていた友達の何がよかったのか、その取り組みや様子を具体的にほめ合う。

○練習前のタイム・・・・・　[　　　　　]

○練習後のタイム・・・・・　[　　　　　]

16

コミュニケーションは、「出る声」よりも「出す声」で！

「出す声」力

甲斐田 奈央登

「出す声」は音読からでもできるよ！
口の形に気をつけて!!

相手に話す感じで
声を出すように心がけよう!!

お腹から声を出して
相手に伝わる声を出そう!!

聞き取り安い発音を
心がけよう!!

「出す声」力　4つのポイント

1．口よりおなかから＝「出る声」から→「出す声」へ。
2．聞き取りやすくハッキリとした発音で話す。
3．人に話を投げ入れる感じで話す。
4．最初の一文は、一番遠くの人に話す。

16 「出す声」力

1.「『出す声』力」とはどんな声？
相手に伝わる声のこと。ちょうどよい大きさの声で話す力のことです。

2.「出る声」ではダメなのだ！
「ハキハキと美しい日本語で話しなさい！」
「モゴモゴ話さない！ 独り言？」
「それはただの『出る声』。『出す声』で話すのです！」

授業中に菊池先生から厳しい声が飛んできます。何度もやり直しがあります。

菊池先生は、
「聞き手にキチンと届く声で話すのです。それもできないようで、他に何ができるのですか？」
と、よく言います。確かに言われてみればそのとおりです。

3.「出す声」のトレーニング方法!!
実は、僕も「モゴモゴ」話すタイプなのです…。さすがに6年生になり、「このままではダメだ」と思ったので、「出す声」について改めて調べました。その内容を4つ紹介します。

①相手に届くハッキリとした声を作る
母音の「ア」を伸ばして、壁に向かって出してみます。「アー」の声が壁にぶつかってはね返ってくるのを聞き取るのです。発音がハッキリしてきます。

壁との距離を最初は50センチにして、次第に1メートル、2メートルと伸ばしていきます。壁から離れるにつれて、声を大きく出すようにしていきます。

②話しかけのレッスン
広い場所で話し手が前に立ち、声をかける相手を何人か中央に座らせます。

話し手から4メートル～6メートルの間に背を向けてバラバラに座ってもらい、話し手は特定の一人に向かって、「おはようございます」と短い言葉をかけます。

背を向けて座っている人は、自分に声をかけられたと思ったら手を挙げます。最初は、なかなか手が挙がりません。何回か繰り返すと、特定の人に声が届き、その人の手が挙がっ

てきます。

③3秒吸って→2秒止め→15秒吐き出す

　吸い込んだ息をいったん止めて、お腹にため、それを吐き出すというトレーニングです。毎朝練習してみましょう。実際にやってみて体に覚えさせることです。朝自習などに友達とやるといいでしょう。

　力強い声を出せるようになると、「勉強に活気が出る」「学校で自信が持てる」「自分の意見をハッキリ言える」などのメリットが生まれてきます。テレビのCMでもおなじみの齋藤孝先生の書かれた本の中にこの方法がありました。

④腹式呼吸をマスターする

　電話帳などを用意します。仰向けに寝て、おへその辺りにのせます。電話帳などに息を入れこむようなイメージで、息を吸います。息が糸のように鼻から吸い込まれていくように。

　これ以上入らないというところまでできたらいったん息を止め、ゆっくりと吐いていきます。この時も鼻から息が糸のように出ていくのをイメージしてください。この方がより効果的に呼吸することができるようになるからです。

　繰り返して練習すると呼吸が長くできるようになります。それだけ強くたくましい声が出せるようになるのです。

4．学級の取り組み
①大声大会で声を鍛える！

　運動場や体育館で大声大会をします。一人ひとりが、
「6年1組の甲斐田奈央登です。○○をがんばります！」
「6年1組の○○○○です。漢字テストが100点になるように1時間練習します！！」
と大声で叫ぶのです。「合格」が出るまで行うのです。意外とスカッとします!!

②音読をうまく！！

　正しい姿勢で教科書などを持ち、お腹から「出す声」で読みます。国語の教科書が多いのですが、社会や理科、家庭科など、文字が書いてあれば何でも読むという感じです。徹底しているのです。

③スピーチは「出す声」で！！！

　毎日のスピーチも「出す声」です。最初の1文を1番遠い人に届く声にすることがポイントです。

　相手に届く声は、あなたの相手への思いやりの心でもありますね。

「『出す声』力」マル秘トレーニング！！
『ボイス.トレーニング』

1．まず、鏡を用意して、その前に立って、「あえいうえおあお」と口を大きくあけて繰り返します。下の表です。1日5回〜10回繰り返しましょう。

ア	エ	イ	ウ	エ	オ	ア	オ
カ	ケ	キ	ク	ケ	コ	カ	コ
サ	セ	シ	ス	セ	ソ	サ	ソ
タ	テ	チ	ツ	テ	ト	タ	ト
ナ	ネ	ニ	ヌ	ネ	ノ	ナ	ノ
ハ	ヘ	ヒ	フ	ヘ	ホ	ハ	ホ
マ	メ	ミ	ム	メ	モ	マ	モ
ヤ	エ	イ	ユ	エ	ヨ	ヤ	ヨ
ラ	レ	リ	ル	レ	ロ	ラ	ロ
ワ	エ	イ	ウ	エ	オ	ワ	オ

2．次の表は、発声練習の時に使うものです。
大きな声でハッキリと聞こえるように読みあげましょう。慣れたら、スピードを「崩れない範囲」であげるようにしましょう。

1．アメンボ赤いな　アイウエオ
2．柿の木栗の木　カキクケコ
3．ささげ豆に酢をかけ　サシスセソ
4．立ちましょラッパで　タチツテト
5．なめくじのろのろ　ナニヌネノ
6．鳩ぽっぽほろほろ　ハヒフヘホ
7．マイマイねじまき　マミムメモ
8．焼き栗ゆで栗　ヤイユエヨ
9．雷鳥（らいちょう）は寒かろ　ラリルレロ
10．わいわいわっしょい　ワイウエオ

17

計画力は、自分への安心感と相手への安心感をうみ出す力。

計画力

吉田　稚菜

計画力　4つのポイント

1. 「目的分析→準備→本番→振り返り」のサイクルを実行する。
2. 目的と機能を活用する。
3. 聞き手の決定権を考えながら話す。
4. 振り返るときは、たくさんの人の意見を参考にする。

17 計画力

1.「計画力」ってなんだろう？

計画力とは、相手とのコミュニケーションを、より豊かに、より正しくするために、スピーチやディベートの流れ『目的分析→準備→本番→振り返り』を前もって見通すことのできる力のことである。

2．その場の思いつきで話す子どもたち…

『今の子どもたちは計画力がない。』

皆さんは、何も準備していない、話す順序もめちゃくちゃだ、という話を一度は聞いたことあるだろう…。

このような話し方は聞き手に不快感を与える。実際その話を聞いて、「もう聞けない。話がバラバラ。」と思ったに違いない。

このような、話し方をする人は、計画力が少し足りないのだ。

もしかしたら、あなたの話し方も…。

そこで、計画力をつけるために、私といっしょに考えてみましょう。

3．計画力の秘密大公開！！！
①司会者にインタビュー

結婚式の司会を２０年近くもされている、米澤昌子さんと、３年間されている、中村千佳子さん・尾上千恵さんにインタビュー！！その秘密インタビューで分かったことを、この本を読んでいる人だけに特別に教えます！

・目的分析→準備→本番→振り返りで一番大切なのは、準備。
・準備にかかる時間は、時には本番スピーチの 200 倍〜 300 倍になることもある。
・振り返りは、１つ１つていねいにたくさんの人の意見を聞いて行う。

＜プロ司会者にインタビュー＞

②新聞記者にインタビュー

今度は、朝日新聞社の佐々木さんにインタビュー。インタビューした理由は、新聞記者は、前もって計画を立てて記事を作る必要があると思ったからだ。

・準備で一番大切なことは、自分に必要な情報収集をすること。
・なぜ、インタビューやスピーチをするのかを考えること。

以上の二つが分かったことだ。

③本との戦い

10 冊以上の本と戦い（本を読み）、「うん、これだ！」と思った本を１つ紹介。

「上手な話し方が面白いほど身につく本」櫻井弘著（中経出版）引用開始。

『何とかなるだろうがまちがいの原因。自分自身で、「話すのが苦手です。」と言う人に限って「準備を十分にしていない」という傾向があるように思います。「どうにかなるだろう」と油断していると、話で恥をかいたり変に失敗してしまうんです。』

引用終了。この本は要するに、「左のような失敗は、準備をしないと起こりますよ〜」と言っているのだ。ということは、準備をしないから起こる失敗だから、十分な準備をすれば、大丈夫なのだ！！

4．計画力のポイント解説
①目的分析→準備→本番→振り返り
　これは計画力の基本。これができればもう半分はバッチリ。この中で一番大切なのは、十分な準備だ。

　スピーチとインタビュー、ディベートでは、だいたいの流れは一緒だけれど、細かいところがちょっと違うので、それは次のページの資料を見てね。

②コミュニケーションの目的と機能
　コミュニケーションには次のような種類があるんだ。この違いを理解しておくことは計画力アップのスタートだよ。

＜親和的・社交的コミュニケーション＞
相手に親しみを持ってもらい、心を開いて**人間関係をつくる**という目的
　・あいさつ　・会話
＜伝達的コミュニケーション＞
相手に正確にわかりやすく**情報を伝達する**という目的
　・報告　・説明
＜説得的コミュニケーション＞
相手をその気にさせ、動いてもらう**協力を獲得する**という目的
　・説得　・忠告

③聞き手の決定権を考えて準備する
　準備をする時、自分中心に考える人がいる。しかし、自分中心に考えると、話の中に略語や専門用語が使われていたりして、聞き手が「？」

と思ってしまう。

　実は、話し手が話した話の内容・言葉の意味は、聞き手が決定しているのだ。これを「聞き手の決定権」というんだ。このことを考えないで準備して話すと、左のようなことになってしまう。だから聞き手を考えながら準備をしよう。

④振り返りは人の意見を参考にしよう
　振り返りで一番大切になるのが、この人の意見を参考にするということだ。たくさんの人から意見をもらおう。自分では『いい』と思っていることも、他人からみると、『悪い』かもしれない。素直に耳を傾けようね。

5．計画力を伸ばす「合い言葉」
　この合い言葉は、これを読んでいる人だけへの、私からのビックプレゼント！

①準備が本番を成功へと導くカギ
　本番を成功させたいならば、準備をたくさんしよう。リサーチが大切。

②まずは二人一組から・・・
　振り返る時いきなりたくさんの人の意見を参考にするのは意外と難しい。二人一組の教え合いからチャレンジ！

③今は大変・・でも未来はすごい！
　慣れないと大変な準備や振り返り。でも、何回もやっているうちに、コツをたくさんつかめて計画名人に！？

　次のページは今までのまとめだよ。３つの合い言葉を胸にレッツ・ゴー！！

17 計画力

計画力の基本を分かりやすく説明！

4つのステップが分かったかな？どれも大切ですね。話し手と聞き手がお互いに安心し合う関係をつくろうね！

目的分析	まずは目的分析。目的分析とは目的が何かを考え、はっきりさせることだよ。	〈スピーチ〉紹介する、説明するという目的。〈ディベート〉審判を説得するという目的。〈インタビュー〉知りたいことを得るという目的。
準　備	準備では資料を集め、まとめます。一番大変な作業かも？！	〈スピーチ〉話す内容や組み立てを考える。〈ディベート〉立論や反論を考える。〈インタビュー〉インタビューする内容や順番を考える。
本　番	本番は準備どおりにやれば怖いものなしのはず！自信を持って。	〈スピーチ〉スピーチをする。〈ディベート〉ディベートをする。〈インタビュー〉インタビューをする。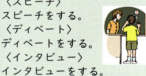
振り返り	振り返りは、前のページのようにやろう！その通りにすれば完ペキです。	〈スピーチ〉声や伝え方はどうだったか？を考える。〈ディベート〉勝因・敗因・論題について考える。〈インタビュー〉知りたいことが集められたか？などを考える。

最初の目的分析へ（次回の表現へ）ＧＯ！

この基本さえできればすぐにあなたも計画名人に！

18

「リサーチ」それは、情報収集に欠かせない身につけたいテクニック！

リサーチ力

佐野　拓磨

リサーチのポイントは何だろう。よし！調べよう。

リサーチ力があるとスピーチやディベートの時に楽だよ。

本、人、体験からいろんな情報を集めることができるんだ。

リサーチ力アップのポイントは６つの方法と３つの心

1. インタビュー・アンケート：同じ質問について色々な意見が聞ける。
2. パソコン（インターネット）：世界中の情報を得ることができる。
3. 電話・FAX：実際に話を聞けるので分かりやすい。
4. 見学・体験：実際に見たり、体験したりできるので理解できる。
5. テレビ・新聞：テレビは音声や映像があり、新聞は何度でもくり返し読める。
6. 本・雑誌：本は深く知ることができ、雑誌は写真やイラストが理解を助ける。

◎リサーチ上達は、「好奇心」。
◎本番の「100倍」の情報を集めるやる気。
◎「？」（疑問）をいつも持つ。

18 リサーチ力

1．「リサーチ力」ってどんな「力」？

リサーチ力とは、自分の知りたい情報や相手に伝えたい情報を効果的に集める力のことです。

2．リサーチ力が弱いと・・・

もしも、リサーチ力が弱いと・・・・。

＜ケース１＞

何か理解できない問題に出合った時に、「もうダメ、分からん」「別にこのままでいいや・・・」等と言って、自分から先生に聞いたり、図書室等で調べようとしたりしない。だから、情報の量が少なく、理解する力も弱くなる。

＜ケース２＞

よい情報を集めることができない。だから、例えば、「スピーチしなさい」「ディベートをしましょう」と言われた時にも黙りこくってしまう。つまり、自分からも情報を他に送ることさえもできない。表現力も伸びないのだ。

こうやって考えてくると、リサーチ力は何かを理解するためにも表現するためにも欠かせない力だといえます。

3．僕の調べ活動

僕自身もリサーチ力を伸ばそうと、リサーチしました！まず、リサーチのプロである新聞記者にインタビューしました。

①新聞記者にインタビュー

福岡の朝日新聞報道センターの佐々木亮記者に教室でインタビュー。

Q：リサーチをする時に心がけていることはどんなことですか？

A：例えば菊池先生を調べるとします。菊池先生のことを本やパソコンで徹底的に調べます。それでも「？」のところが出てきたら、そこを知るためにインタビューをします。つまり、広く浅くの第１次リサーチと狭く深くの第２次リサーチを心がけているのです。

と言われました。２段構えで徹底的に！リサーチすることを知りました。他にも役立つ「情報」を教えていただきました。

＜インタビュー「マル秘」テクニック＞

○その人のことを本やパソコン（インターネット）などでよく知っておく。
○どんなことを質問するかを考え、質問項目を前もって準備しておく。
○具体的に質問する。（名前、数字などを入れて、回答しやすいように）

②本を読んで調べました

佐々木記者に教えていただいたように、僕もリサーチの仕方、方法について徹底的に本で調べました。図書室に通う毎日になったのです。

４．６つのリサーチ方法とそのポイント

　約１か月のリサーチ活動で分かったことをまとめてみました。次の６つです！

①インタビュー、アンケート

＜インタビュー＞

○ 質問したい相手に会って、その人が知っていること、考えていることなどを話してもらうことができます。

＜アンケート＞

○ 質問用紙を配り、答えを書きこんでもらって回収します。同じ質問について複数の人の意見を聞くことができます。

②パソコン（インターネット）

○ 電子メールで質問と答えを送り合います。相手の都合のいい時間に、質問への回答を考えてもらえます。

　インターネットに接続すると、世界中の情報を見ることができます。「検索エンジン」で、情報を紹介しているホームページを探すことができます。

③電話・ＦＡＸ

○ 質問したい相手に、話を聞きます。電話をしたら、ＦＡＸや電子メールで詳しい用件を送るように言われることがあります。質問を送る時、回答をいつまでにしてもらいたいか、希望の日を書いておくといいでしょう。

④見学、体験

○ 博物館や資料館には、それぞれの館のテーマにそって集められた資料や標本が展示してあります。自分のテーマに合う館を探して見学してみます。メモを取りながら見学します。写真は、係の人に許可を得てからにしましょう。パンフレット等は、資料をまとめる時に、切ったりはったりするので２部あると便利です。

　テーマによっては、実際に観察や実験、調査をして調べる方法もあります。

⑤テレビ、新聞

○ 今何が起こっているか、どんなことがあったか分かります。テレビはビデオで録画でき、何度でもくり返し見られます。新聞は、ハサミなどで切って自分に必要なところをノートにはりつけられていいでしょう。

⑥本、雑誌

○ 学校や市町村の図書館には、本や雑誌などがそろっています。情報収集のことで困った時は、司書（本の貸し出し等をする役の人）に相談しましょう。資料は、図書館でコピーすることもできますが、コピーできないものや、使い方に制限のある資料もあるので注意しましょう。

５．リサーチ力上達の決め手は「好奇心」

　リサーチ力を調べるために徹底的にリサーチをしてきました！　こうやって調べ終わって、僕が今思うことは、

> なぜ？どうして？不思議？
> という「？」をいつも持つ

ということが、リサーチ力を伸ばす１番の決め手になると思いました。つまり、好奇心を持ち続けるということです。

　これから僕も、リサーチ力を伸ばして、「聞く力・話す力」を高めていきます。

　聞き手の時間をむだにしないように、質の高い情報を集めていきます。

リサーチのための「7」ステップ

18 リサーチ力

① 下調べをする。
テーマを決めてそのことを徹底的に図書室などで調べる。

② 取材のお願いをする。
取材のお願いをしよう。目的、内容、日時をキチンと！

③ 取材の準備をする。
取材用具をととのえよう。忘れ物チェック！

⑤ 取材終了。
お礼の手紙を書こう。

④ 取材本番。
計画に沿って、礼儀正しく。

⑥ 取材メモを整理する。
目的に合わせて集めた情報を整理しよう。

⑦ まとめて発表する。
まとめてできあがり。聞き手を考えながら工夫して発表しよう。

96

構成力

19

文章をうまくまとめて自分の考えを相手に伝えよう。そのためには「構成力」！

羽生　宏樹

構成力　４つのパターンとそのポイント

1. 「はじめ→なか→まとめ→むすび」の４つのかたまりでスピーチの基本を身につけよう。
2. ５Ｗ１Ｈ（いつ→どこで→だれが→なぜ→どのように→どうした）で分かりやすいスピーチをしよう。
3. 「全体」→「部分」で結論を先に話す習慣をつけよう。
4. 「結論→事実→理由付け」で説得スピーチをしよう。

19 構成力

1.「構成力」とは何だ！

構成力とは、スピーチやインタビューの内容をうまく組み立ててコミュニケーションをとることのできる力のことです。

2．相手に伝わらない原因は？

> 「なぜ話が相手に伝わらないのか？」

この問いの答えは、ズバリ言うと、『構成がうまくできていないから』ということなのです。つまり、話の組み立てがよくないのです。

話したい内容を整理して、話の流れをすっきりさせなければ相手には伝わらないのです。

3．この4つの構成で自信が持てる！

僕は、組み立て・構成について調べました。「これを読みなさい」「この本は参考になる」「テレビのニュースを分析しなさい」・・・このような先生からのたくさんの宿題を毎日もらいながら、がんばって調べたのです。涙ぐましい努力をしたのです。

そして、次の4つの構成を自信を持ってみなさんにお勧めできるように？なったのです。

①「はじめ→なか→まとめ→むすび」の4つのかたまりでスピーチ

5年生の最初に菊池先生から教えてもらった構成です。最初のスピーチがこの形でした。次は、そのスピーチ例です。

> 「6年1組の好きなところの紹介」
> <はじめ>
> 今日は、私が大好きな6年1組の好きなところを2つ話します。
> 私がどんなところが好きか、あててみてください。
> <なか>
> 一つ目は、みんながよく気づいて必ずどこかで活躍していることです。トイレのスリッパを並べたり、困っている人がいたら助けたりするところです。
> 二つ目は、できない人のために、みんなで応援することです。
> ○○さんが上り棒を一生懸命がんばっている時、みんなが応援していました。
> ○○さんが算数がわからないと言った時、○○さんが黒板に書いて教えていました。
> <まとめ>
> これが私の6年1組の大好きなところ2つです。
> 好きなところを自分もまねてがんばりたいと思っています。
> <むすび>
> 何か質問はありますか。
> これで、今日のスピーチを終わります。

この構成は分かりやすいのでマスターするといろんな場面で使えます。急に話さないといけなくなった時も安心です。

②5W1Hで相手に分かりやすい話を

「いつ」「どこで」「だれが」「何を」「なぜ」「どのように」の要素を入れて話すスピーチです。伝えたい事柄を落とさないためにもこの構成は重要です。

「生活スピーチ」で威力を発揮します。

③「全体」→「部分」の順序で話す

この構成も知っておくと便利です。大きく分けると３つあります。

> A：予告→本論
> B：結論→根拠
> C：全体像→詳細

Aは、「これから３つのポイントを説明します」と始めるパターンです。聞き手は話を聞く準備ができます。

Bは、後で詳しく説明しますが、最初に結論を述べてから、なぜそうなったのかを説明するパターンです。聞き手は話し手の言いたいことの理解が早まります。

Cは、話の大まかな内容を最初に示して、その後に細かな内容に入っていくという構成パターンです。時々、全体像に戻って確認すると、聞き手に効果的に伝わります。

グループで話し合う時などにもこの構成は役立ちます。一人の話す時間が短くもできるので、みんなが話し合いに参加できるのです。（写真は僕達の班の話し合いの様子です。真ん中が、僕です！）

④「結論→事実→理由付け」で説得スピーチ

これは、僕達が得意としている構成です。なぜだか分かりますか？
そうです！ ディベートの時に大活躍する構成なのです。

（この写真は、平成17年12月3日に行われた第11回九州地区小学生ディベート大会に出たクラスの友達の試合の様子です。手前はテレビ局のカメラです！）

この構成では具体的には、次のような内容になります。

> ＜結論＞
> 学力が低下します。
> ＜事実＞
> 授業時間が１週間で３時間減るからです。
> ＜理由付け＞
> 今までと同じ教科書の内容を理解するための時間が少なくなるのですから、勉強が分からなくなってしまうからです。

4．構成力は「安心」を与えてくれる！

話すときに困るのは、「何を」「どのように」話せばよいかが分からなくなるからです。この２つが大きな原因なのです。

構成は、そのうちの１つの「どのように」の不安をなくしてくれるのです。つまり、「安心」を僕たちに与えてくれるのです。紹介した４つの構成を使えるようになると話すことも楽しくなりますよ。

誰でもできる「構成力」アップのコツ！

ナンバリング・ラベリングで構成を整え、分かりやすく話そう！

　最後に、とっておきの「構成力」アップのための秘密兵器をお知らせします。

　それは、「ナンバリング」と「ラベリング」です。

　ナンバリングとは、要点を数字で示すことです。1つ目は〜、2つ目は〜という言い方です。ラベリングとは、要点の「見出し」のことです。短くまとめた言葉にするということです。

　このナンバリングとラベリングを使うだけで、話が分かりやすくなります。また、話す方も聞く方も安心できるのです。

　下の資料は、僕たちのディベートの時のスピーチ原稿です。下線のところがその部分です。

　この技術はすぐに使えて効果が大きいので、みなさんも活用してくださいね。

（ディベートの立論スピーチ原稿例）

肯定側立論

　今から論題「日本の小学校の昼食は、弁当にするべきである」の肯定側の立場で立論を始めます。

【定義、プランは大会ルールに従います】

　このプランを導入して発生するメリットを2点述べます。

　1つ目は、「昼食時間が楽しくなる」です。

　プランを導入します。そうすると、食べられないものを無理して食べるということがなくなります。

　私たちは、一人ひとり顔が違うように体質や食べる量が違うのです。給食は、このような違いを考えず、無理して食べることになっています。

（略）

　2つ目のメリットは、「親子のつながりが強くなる」です。

　発生過程を、親の場合、子どもの場合の2つに分けて説明します。

　まず、親の場合です。プランを導入します。そうすると、今まで学校任せだったのが、子どもの体調や食生活に関心をもつようになります。

（略）

20

リハーサルは、あなたに自信と成功を与え、聞き手に安心と納得を生み出す！

リハーサル力

内野　侑妃

リハーサル力　5つのポイント

1. 原稿の暗記はしない。メモで自然な話し言葉になるように。
2. 声を実際に出して行う。
3. 聞き手がいるつもりで会場で練習してみる。
4. 大きなジェスチャーを入れるところを決めておく。
5. 視覚機材のチェックを入念に行う。

20 リハーサル力

1.「リハーサル力」ってこんな「力」!

リハーサル力とは、より質の高いコミュニケーション（例えばスピーチ）をするために、前もって本番と同じように練習する力のことである。

2．リハーサルの大切さ！

話が上手にできない原因は何でしょう？みなさんはどう考えますか？

私が考えるその原因は、

- ・話の材料がないから
- ・話の組み立てができていないから
- ・声に出して練習をしていないから

という３つだ。これは私の経験から考えたものだ。いつも・・失敗しているから・・・反省！

この３つの原因を取り除けば、人前で話すこともあまり心配しなくてもいいはずなのだ。この３つは、本番までの準備のことだ。この準備がキチンとできていれば、あがったり話があっちこっちにいったりしないで、コミュニケーションを楽しむことができるはずだろう。

そして、私が声を大きくして言いたいのは、３つ目の「声に出して練習していないから」ということ！これは、ここで私が説明したい「リハーサル」のこと。コミュニケーション成功のキーポイントなのだ！

3．リハーサル研究開始！
①アナウンサーにインタビュー

テレビ局を訪ね、アナウンサーにインタビューを試みた。なぜ、アナウンサーか？ アナウンサーは本番前にリハーサルをやっていると思ったからだ。

Q：リハーサルを本番と同じようにするべき？

A：そうともいえない。例えば、原稿は全部は書き込まない。書き込み過ぎない。なぜかというと、覚えたとしても暗記したことを再現しただけだから。暗記の再現ではいけない。準備リハーサルは大切だが、これでは自分の言葉で伝えたことにはならない。自然な話し言葉にならない。全部書いた原稿を同じように読むだけにならないようにするべき。<u>メモで伝えられるリハーサルをするべき。</u>ここでいうメモとはあくまでも要点メモということ。話さないといけないことは「何々」、その中で、「何々」といったメモにするべき。それを元に自分の言葉で話すというリハーサルをしてほしい。

アナウンサーにインタビューをして分かったポイントは、

1. リハーサルの手順をふむことは大事である。
2. 伝えたいと思った最初の感動を忘れないこと。
3. 原稿は全部は書かない。メモで話す。

> 4．メモを元に自分の言葉で話す
>   リハーサルをする。

ということだ。なるほど、である！！
②本をいっぱい読みました！

　なぜ、本を読んだかというと、菊池先生から、
「知恵がない者は、本を読め！。」
と、何度も何度も言われたからだ‥。

　どんな本を読んだかというと、「話ベタを7日間で克服する本」「説得力を7日間で鍛える本」「ひと目で分かる！！口のきき方」…。そうです。大人の人が読む本も読みまくったのだ。

　これはまさに修行だった！いつもはマンガしか読まない私だったので、漢字の多いこれらの本を読んでいたら、目がチカチカしてきて・・・。でもがんばった！

4．リハーサルのこれがポイント☆
①声を実際に出して行う

　例えば、場所に合わせて声の大きさを調整したり、難しい発音のところを繰り返して練習したりすることだ。

　この声に出して練習したかどうかはとても重要なポイントなのだ。読んだだけ、目を通しただけではダメなのだ！

②聞き手のいるつもりで練習する

　できれば実際に話す場所に行って練習してみる。自分の立ち位置を決めて、目の前に見える光景を頭の中に入れておく。

　ドキドキを事前に一回体験しておくと本番のドキドキが軽くなる。

　本番の場所でできない時は、リハーサルできるその場所で実際をイメージして声に出してみることだ。

場所がどこであっても、「聞き手がそこにいる」つもりで声を出すことが大事！

③大きなジェスチャーを入れるところを決めておく

　ジェスチャーを入れるところを決めておかないと、ジェスチャーが中途半端になって何をしているか分からなくなるからだ。

・ここで1歩前に出る
・ここで両手を左右に開く
・ここでゆっくり黒板に向かう

といった話のポイントとなるところを決めて練習しておくといいのだ。

④視覚機材のチェックを念入りに行う

　例えば、パソコンの機種の違いなど、本番で気づいたのでは手遅れになる。もちろん他にも問題はないか事前に準備することを忘れてはいけない。

　最近は、私たち小学生でもパソコンでプレゼンテーションをする。これからは視覚機材のチェックも今まで以上に気をつけておかなければいけないはずだ。

5．リハーサルを楽しもう！

　この写真は、友達のリハーサル風景。友達といっしょにすると楽しさも10倍だよ。本番が待ち遠しくなるよ！

20 リハーサル力

あなたの話し方は、それでいいのか？

リハーサルチェック項目表

リハーサルの大切さが分かってもらえたかな？次はそのチェック表を紹介しますね。

リハーサルの時に気をつけておきたいことをまとめてみました。下のチェック表の5項目がそれです。
　これでもう安心！！
　しっかりリハーサルをして本番ではあなたらしさを発揮しよう！

チェック項目							
1．実際に声に出して行った。							
2．ビデオやテープに録音してどう聞こえるか確かめた。							
3．身振り手振りも入れて話した。							
4．気づいたことや友達のアドバイスを参考に改善した。							
5．本番に自信が持てるまでリハーサルを行った。							

◆すべての項目に○がつくようにがんばりましょう。
◆「リハーサルもがんばったんだ！」という自信がきっと役立ちますよ。

21

自分の表現を振り返って、相手と理解し合える「話す力」「聞く力」を伸ばそう！

振り返り力

藤川　優梨

振り返るポイントを考えたよ。いっしょにがんばろうね！

「聞き方チェック表」最後に載せているので使ってね！

表現した後に振り返らないと同じ失敗をしてしまうよ。でも、これで大丈夫!!

「話すこと」の振り返り力　3つのポイント

☆ビデオで自分の話し方や聞き方を振り返ってみよう☆
1．態　度………「礼儀正しいか？」「姿勢や言葉づかいは大丈夫？」
2．話し方………「話す速さは大丈夫か？」「聞き手を考えた『声』ですか？」
3．内　容………「具体的か？」「すっきりとした構成で話しましたか？」
（「聞き方チェック表」も参考にしてくださいね！）

1. 「振り返り力」とは？

　話したり聞いたりした活動のあとに、観点を決めてそれらを振り返り、自分の表現活動のレベルを上げることができる力のことです。

2. 表現した後の振り返りは大丈夫？

「あー、やっと終わった。緊張したなぁ」
「ラッキー。終わった、終わった。多分上手くいったと思うよ。」

　緊張の中、何かを表現した後は、こんなことを思わず口にするのではないでしょうか？　そして、そのまま・・・ということが多いのではないでしょうか？つまり、振り返りをしないでそのままにしていることが多いのではないでしょうか？私は何回もあります。というより、いつもでした…。

　何かを表現した後に、それらがどうだったかを振り返り、次にそれらが生かされるようにしなければ、いつまでたっても「話す力・聞く力」は上達しません。自分が「うまいっ」と思っても、先生や友達から見たら、「？」かもしれません。

3. 私の活動調べ！

　多くの人が、自分の話すこと・聞くことの振り返りをしていないようです。私もそうでした。「やりっぱなし」でした。

　ところが、ある日を境に私は変わったのです！それは・・・

　　自分のスピーチをビデオで見た！

という経験をしたからです。自分では「合格」と思っていたのに、ビデオの中の私は・・・「えっ、これが私？？？」という感じでした。姿勢

も声も、・・ダメだったのです。下はその日の日記です・・・。

> **「ビデオで自分のスピーチを見て」**
> パソコン室でビデオを見ました。自分の想像とは違っていました。どこが違っていたかというと、反省の日記では「上を向き」と書きましたが、全然上を向いてはいませんでした。下を向いていました。他にも良いことを書いていましたが、逆に悪いことでした。例えば「一人ひとりを見ました」と書いていましたが、あまり見ていませんでした。
> 自分のスピーチをビデオで見てびっくりしました。これからは、良くなかったところをがんばります。

「これではダメだ！」と思った私は、菊池先生にお願いして

- クラス全員のビデオを見せてもらい
- クラス全員の日記を読ませてもらい

次のことを考えたのです。それは、

　　自分のスピーチのどこをどう振り返ればいいのか？

ということです。

　もちろん本もたくさん読みました。話すことだけではなく、話を聞くことの振り返りも調べました。話す振り返りも大事だけれど、聞く振り返りも相手のことを考えて大事だと気づいたからです。

4. 振り返りのポイント

　自分の経験と本からも得た情報をまとめました。そして、振り返りのポイントを考えてみました。それを紹介します。

　ここでは、話すことを中心にします。聞くことについては、次のペー

ジに「チェック表」を載せています。

■話す時の振り返り■
<態度>
○礼儀正しかったか？
- 姿勢　・言葉使い

聞き手も気持ちよくなる礼儀正しさが必要です。ポイントは２つです。

①姿勢　不自然に体を動かしたり、変に威張ったりした姿勢で話すと、第１印象が悪くなります。第１印象がなぜ悪かったらいけないかというと、聞き手が見た目で判断したら、たとえ内容が良くても聞いてもらえないかもしれないからです。

②言葉づかい　言葉づかいが悪いと聞く相手もいやになってきます。例えば、スピーチをする時、①おもれぇー②おもしろいね。どちらの印象がよいと思いますか？きっと②でしょう。

だから振り返りをしっかりやって礼儀正しくしましょう。

（写真のように友達からアドバイスをもらうと自分の気づかなかった欠点もよく分かります。10倍上達するかもね）

<話し方>
○話す「声」は聞き手を考えていたか？
- 速さ　・滑舌さ

聞き手に伝わる「声」が重要です。
せっかくの伝えたい内容も聞き取れない声だったら意味がないですからね。

①速さ　話す速さが早いと、メモをする場合など聞き取れない場合があります。聞き手の反応を確かめながら話すことが大事です。

②滑舌　言葉ははきはきしているか。滑舌だと聞きやすいし、メモをたくさんとれます。滑舌でなかったら、聞き取りにくく、何を話しているのか分かりません。だからチェック表などを作り、正しい発音をマスターしましょう。

<内容>
○話の構成はすっきりしていたか？
- ５ＷＩＨ　・意見＋事実＋理由付け

具体的に話さなければいけません。そのためには、伝えたい内容を整理して、キチンと組み立てておかなければいけないのです。

①５ＷＩＨ
５ＷＩＨは「①いつ②どこで③誰が④何を⑤なぜ⑥どのように」です。これをスピーチなどに使うとより分かりやすくイメージがうかびます。

②意見＋事実＋理由付け
会議や話し合いのときに、この構成でスピーチをするとお互いに理解しやすくなります。意見には必ず根拠（事実や理由）をつけているかをチェックするのです。

＊＊＊＊＊＊＊＊＊＊＊＊＊＊＊

みなさん、どうでしたか？振り返り力を伸ばしていくということは、相手に対する思いやり力を伸ばしていくことと同じですね。いっしょにがんばりましょう。

聞く時の振り返りは次のページです。時々チェックして、話す力と聞く力をセットにして伸ばしていこうね。

自信がつく！ 聞き方「振り返り」チェック表

振り返りは、話し方だけじゃない。
聞き方も、レベルアップしよう!!

	YES	NO
１．相手の話を10分以上集中して聞けない	YES	NO
２．話を聞いていると、すぐ他のことに気持ちが向いてしまう。	YES	NO
３．話の結果を先取りしたり、思い込んでしまったりしたことは。	YES	NO
４．自分と関係ないことには、耳を傾けない。	YES	NO
５．自分の都合のよいように、無意識に判断して聞く方だ。	YES	NO
６．聞くことは話すことより楽だと思う。	YES	NO
７．自分の聞き方について問題を感じたことがない。	YES	NO
８．話すことの方が聞くことよりも多くのメリットがあると思う。	YES	NO
９．自分の興味・関心がないことは聞く気になれない。	YES	NO
１０．自分の嫌いな人の話は聞こうしない。	YES	NO

結果とコメント

◎ＹＥＳが７個以上の場合………気持ちがかなり自分勝手で「よくない聞き方」
　　　　　　　　　　　　　　　今のままじゃダメだよ。がんばって！

◎ＹＥＳが４個から６個の場合…相手との関係を考えないで聞く聞き方。
　　　　　　　　　　　　　　　いつも聞き方を振り返ろう！

◎ＹＥＳが１個から３個の場合…違いが分かるよい聞き方。
　　　　　　　　　　　　　　　なかなかいいよ。もうひとふんばり。

◎ＹＥＳが０個の場合……………みんなの憧れる天才的な聞き方。
　　　　　　　　　　　　　　　君はもっと話し上手にもなれるはずだ！！

（「聞き上手は話し上手」です。時々、このチェック表を使ってください。）

22

コミュニケーションは会話から！それは、言葉と心のキャッチボール！

会話力

中村　祐樹

自分の言っていることが分かってもらえてうれしいなー

友達と会話をするのは、楽しいなー

友達とコミュニケーションをとると、もっと仲良くなれるね。

友達の話も理解しないとね。キャッチボールだね

会話力　5つのポイント

1. 知りたくもないことを聞いて、相手の気分を害さない。
2. すぐに話せる話題を見つけておく。（天気やテレビ番組の話題）
3. 相手がどの程度話す人なのか、どんな話題に反応する人なのか考える。
4. 会話をしながら相手の人柄を少しずつ理解していく。
5. 話をどう展開していくかを考える。

1. 「会話力」というのは

会話力とは、相手とかかわる力、聞き合う力を身につけて、仲良くなれる力のことです。

2. 会話が楽しく続かない！？

みなさんのまわりに次のような友達はいませんか？

ぼんやりとひとりでいる人や友達とのかかわりがあまりない人です。

話しかけても楽しく盛り上がらない、何となく気まずい雰囲気になってしまう・・・。

とても気になります。

そのような友達をなくす会話力を育てる取り組みを紹介します。

3. 会話名人をめざして

みなさんは、「会話名人」と聞いて誰を思い浮かべますか？

・明石家さんまさん　・ビートたけしさん
・黒柳徹子さん　　　・古舘伊知郎さん
・タモリさん　　　　・中居正広さん
・所ジョージさん　　・ドラえもん

僕の場合は、上に書いた方たちです。（なぜかドラえもんも入っています…）

もともとテレビが好きなので、この人たちが出演している番組を片っ端から観ました！　毎日、毎日…。

そこで、僕が発見したことは、つまり、会話名人の秘訣は次の2つです。

他の人より必ず一言多く付け加える。
相手も楽しくなるように話を進める。

---

4. おすすめ！会話がグングン楽しくなるちょっとしたゲーム

先に書いた2つの発見内容をもとに僕たちの学級でしている会話ゲームを2つ紹介します。どっちもオススメですよ。

No.1「プラスちょっとした一言週間」

おはよう＋一言
ありがとう＋一言
○○君・さん＋一言

といった感じで、「ちょっとした一言を付け加えて友達と接しよう」という取り組みです。

この取り組みをしていると、次の2つのうれしいことが起こります。

○「プラス」の一言が増えてくる

「今日もがんばろうね」「大丈夫？」「それいいね」「よかったんじゃない」といった前向きな一言が増えてくるのです。

○お互いが一言をそえるようになる

A「ありがとう。もういいよ」
B「○○さん、よかったね」
といった感じです。

最初に声をかける人だけではなく、それに答える友達も「プラス」の一言をそえるようになってきたのです。

時々「友達からのプラス一言でうれしかった言葉は？」とみんなにアンケートをとると、うれしい言葉が僕たちの中にますます広がっていきます。

この取り組みを行うと、会話がはずむだけではなく、教室の空気があたたかくなります。落ち着いた「ほんわか」とした雰囲気になります。

No.2「手相占い会話ゲーム」

相手の手相を見て、もっともらしい占いをするという会話ゲームです。

まず、主な手相の見方を確認します。

みんなに、「手相にはどんな種類があるか知ってる？」と聞くと、すぐに代表的な各線の名前が出てきます。

・生命線　・運命線　・結婚線

「友達を幸せな気持ちにさせてあげましょう。合い言葉は『笑顔』です。」といって、このゲームを始めます。

『このように伸びているのは、とても強運の持ち主ですよ』
「これから何かいいことが？」
『そうですね。今度の運動会では1位になれるでしょう』
「本当ですか！練習では1番だった・・・」
『この線が、こうなっているということは、運動神経がいいということでもあるのです。きっと1位ですね。私が言うのですから心配はいりません』

『これは・・・何かお悩みがあるのではないですか？』
「えっ、分かるんですか！」
『当たり前です。この線のここのところが細くなっています。これは、悩みのある人にだけあるのです』
「そうなのです。宿題ができないで困っているのです」
『なるほど。それは自分が悪いんだけど、私がどうやったらいいかを占ってあげましょう』
「お願いします（笑）」

このゲームでは、人に話しかけるタイミングや言葉のキャッチボールの楽しさを実感できます。男子と女子のスキンシップにもなり、みんなが仲良くなれます。

このゲームの効果は大きいです。

5．会話の達人になるここだけの話…

この本の「うなずき力」「あいづち力」「表情力」「笑顔力」なども参考にしてください。いっしょに会話の達人になりましょう。会話は言葉だけのやりとりではなく、お互いの気持ちの交流だということも分かりますよ。ここだけの話でした。

「会話力」チェックテスト表

「会話力」チェックテスト表を作ってみました。時々行ってください。君は何点取れるかな？「会話の達人」をめざしましょう！

	質問項目	いつも	ときどき	めったに
①	初めて会う人でも普通に声をかけることができる。			
②	話が途切れた時に、一番最初に話し出す。			
③	口数が少ない人の気持ちも考えて声をかける。			
④	相手の話の中から次の話題を探そうとしている。			
⑤	友達から「しゃべりすぎ」と言われないようにしている。			
⑥	よく話す友達をうまくリードして話を転換できる。			
⑦	相手の話を肯定的な態度で聞いている。			
⑧	話題の幅を広げようと毎日心がけている。			
⑨	決めつけた話し方をしないように気をつけている。			
⑩	笑顔で聞いたり話したりしている。			

◆採点方法
　・いつもする・・・・・3点
　・ときどきする・・・・2点
　・めったにしない・・・1点

＜合計得点＞

点

◆結果
　・２４点以上・・・・会話の達人！友達関係がグングン広がることでしょう！
　・１４〜２３点・・・相手のことを思いやるやさしさがいっぱいです。
　・１３点以下・・・・もうひといき！たくさんの人と接して会話力をみがこう！

23

「報・連・相」力はあなたの言葉と心を確実に伝える必需品！

「報・連・相」力

森　康平

「ほうれんそう」ってどんなこと？
時々聞くけれど、詳しく知りたいな。

「報」は「報告」、
「連」は「連絡」、
「相」は「相談」。
どれも大事そうだね。

ポイントは僕が教えよう！
森　康平

「報・連・相」力　5つのポイント

1．5W1Hを使って具体的に伝える。
2．TPO（相手の状況）に応じて報告、連絡する。
3．悪い情報ほど早く伝える。
4．あることをする前と、した後に報告する。
5．伝言、用件を正確に伝える。

「報・連・相」力

1. これが「『報・連・相』力」だ！

相手との関係をよくしたり、ある事柄をスムーズに進めたりするために報告、連絡、相談を上手にできる力のこと。

2.「報・連・相」との出合い

4年生までの自分…。
「どうして早く言わなかったの？」
「それじゃぁ何を言いたいのか分からない。やり直し。」
こんな言葉を先生や家の人から時々言われていた。頼まれていたことの結果を伝えに行った時や、自分勝手に「もういいや」と思い込んでそのままにしていたりしていた時に。

つまり、報告、連絡、相談の仕方がダメだったのだ。いつも「あの時に言っておけば…」「このことをまず言っておかないといけなかった…」と後で反省することが多かった…。

ところが…。

5年生のある日のことだった。

僕は、5年生の時、給食委員会に所属していた。水曜日が当番。いつも通り給食が終わって、
「先生、給食委員会に行って来ます。」
と連絡して給食委員会に行った。仕事が終わって教室へ戻った。
「給食委員会の仕事が終わりました。」
と報告すると、
「森君『ほうれんそう』ね。」
と言われた。でもその時は意味が分からなかった。

それから数週間して先生が「ほうれんそう」の話をした。話によれば「ほうれんそう」とは「報告」「連絡」「相談」を略したものだった。委員会活動が始まる前と、終わった後に連絡・報告をしていたので「報・連・相」と言われたらしい。

こんなことがあって、この「『報・連・相』力」について僕は調べようと思った。

3. 僕の調べ活動
①警察官にインタビュー

近くの交番に。警察官はこの「力」が必要だと予想したからだ。しかし、・・「取り調べ」をされているようなプレッシャー。服のわきのところがビチョビチョ。だが、・・・負けずにインタビュー！

〈インタビュー内容〉
Q:「報・連・相」のポイントは5W1Hを使って具体的に伝えるだと思いますが、どう思われますか？
A: そうですね。ポイントは六の原則（5W1Hのこと）だと思いますね。われわれの仕事にはこれが必ずついてきます。1分1秒が大事ですから。

Q: 行う時に気をつけることは？
A: 基本がいくつかあるよ。1つ目は、正確に。さっきの6項目ね。2つ目は、すぐに行うことですね。3つ目は、必要に応じて何度も行うということかな。

やっと「取り調べ」が終わった時は、全身の力が抜けてしまった。でも、このようないい情報を得ることができた。

②読書の毎日

先生が、「『報・連・相』の技術がみるみる上達する」という本を持ってきた。そして先生は、
「これを一日で読んできます。六年生だったら読める！」
と課題を出した。（先生の口癖です…）

次の日その本を全て読んだ。午前二時まで読み続けた・・・。その本には「聞く」「聴く」「訊く」の３つの「きく」や、「報・連・相」のレベルチェック表などがあった。

このような本は読んだことがなかったので、意外とおもしろかった。「ホウホウ、ナルホドナルホド、ソウカソウカ…」といった感じで読んでいた。

でも、すぐに内容を忘れてしまい、何回も何回も読み返す日がその後続いた。

この他にも本をたくさん読んだ。僕の頭の中には「報・連・相」のことだらけになった。「頭の中に『ほうれん草』が生えてきた」というギャグが口癖になってきた・・・。（笑）

4．「報・連・相」の５つのポイントとその解説

「僕の調べ活動」の内容をまとめた。
＊＊＊＊＊＊＊＊＊＊＊＊＊＊＊

①５ＷＩＨを使って具体的に伝える

５ＷＩＨ＝「誰が」「いつ」「どこで」「何を」「どのように」「なぜ」などが分からないと伝わらない。
「報・連・相」は具体性が命なのだ！

②ＴＰＯ（相手の状況）に応じて「報・連・相」をする

ＴＰＯ＝「時」「場所」「目的」を考えなければならない。つまり、相手との関係を考えるということだ。

自分の都合で「報・連・相」をしていると相手が混乱するからだ。

③悪い情報ほど早く伝える

これがなかなかできないことだ。
「怒られるかも・・どうしよう」
などと考えていてはいけないのだ。
早く伝えないと悪化するから。

④あることをする前と、した後に報告、連絡する

報告、連絡しないと「どこで」「なにを」しているかわからないから。
前のページに書いた僕の５年生の時の経験は、このことをクリアしていたのだろう。

⑤伝言、用件を正確に伝える

曖昧だと５ＷＩＨがわからないから。特に、メモや文書で伝える時にはこのことが重要だ。
「正確に」がキーワードだ！

「いつでも、どこでも『報・連・相』！」
を合い言葉に、理解し合って協力し合える楽しい毎日にしよう！

上の写真は、学級で行っている「『報・連・相』力」スピーチコンテストの様子。テーマは、「委員会活動の報告」「先生からの伝言」などが多い。コンテストの判定基準は、「4」で書いたポイントが中心である。

話し手も聞き手も、基準となるポイントがハッキリしているので集中し、教室の雰囲気はピリッとひきしまる（月に１回程度行うと効果が出てくる）。

「『報・連・相』力」のステップアップのコツ！

1．原則

「報・連・相」は、みんなが楽しく過ごすためにも必要だね。

「報・連・相」 → 正確に、確実に！
→ タイミングよく！

2．合い言葉は「けちするな」

- け → 結果から先に
- ち → 中間報告も連絡する
- す → すばやく
- る → （相手が）留守の時はメモで
- な → 内容は事実に則して

この「原則」と「合い言葉」はしっかり覚えておこう！

「報・連・相」の力がつくと、
・何事にも「しまり」がでてくる！
・仲間と協力し合える！
・逆によい情報が自分に入ってくる！
・信頼される！
・安心できて行動派になれる！
といったメリットが確実に増してくるよ！

24

あなたの話題、相手は喜びますか？　話題は相手中心に選ぶようにしよう。

話題力

田中 七津美

本の中からも話題がみつかるかな〜。

話題がよいと聞き手はよく聞いてくれる！

探せば、話題はいろんなところにあるんだな〜。

相手を傷つけない話題が大切なんだね。

話題力　5つのポイント

1. 日頃から話題集めのアンテナを張っておく。
   自分の体験・テレビ・新聞や本・人
2. いつも「なぜ？」という意識で物事をみる。
3. 自分が話したいことより聞き手の聞きたい話を考える。
4. だれもが安心できる話題、ユーモアのある話題を集める。
5. 仲良しの友達にネタを話して、その反応を参考にする。

1.「話題力」って何？

話題力とは、話す目的や聞き手の興味や関心を考えて、自分が話す内容を選ぶことができる力のこと。

2．あなたの話題、相手は喜びますか？

「Ａさんの話、面白かったー」
「Ｂさんの話はちょっと・・・・」

こんな会話を耳にしたことはない？ＡさんとＢさんのスピーチの評価がこのように正反対になったのはなぜだろう？

それは、ＡさんとＢさんの「話題」の面白さに違いがあったからなんだ。

話の良し悪しは聞き手が決めるものだから、その時の大きな条件に「話題」があるということなんだ。

自分はＢさんみたいと思った人は、この本を読んで、私といっしょに相手が喜ぶ話題の見つけ方を勉強しよう！

3．私の調べ活動

「どんな話題がいいのだろう？」

この言葉をいつもいつも考えながら、私の調べ活動は始まった。

最初は、朝日新聞の佐々木記者に、「話題はどのようにして集めるのですか？」
とインタビュー。回答は、「本」と「インタビュー」ということだった。つまり、

> **本と人から話題＝情報を集める**

ということだった。当たり前のことかもしれないけれど、「なるほど！！」である。ということで、私はさっそく本を読みあさった。10 冊以上の関係する本を読んだ。菊池先生も次から次へと本を持ってきて、
「はい。読んでおくこと。がんばって。」

と言っては去っていった・・。

だが、なかなか・・「これだ！」というひらめきは起こらなかった・・・。私はあせってきた。

しかし、意外なところからそのひらめきがやってきた！　それは・・・。

私は、ある日の夕方 6 時からの「NHK ニュース」と「NHK ニュースシャトル」を家族でいっしょに見た。「ドラフト会議」など全部で 11 個のニュースがあった。下はそのニュースタイトル一覧だ。

・高齢者医療保険
・インフルエンザの治療薬「タミフル」の安全性
・生保「不適切不払い」
・イラン核開発で交渉再開
・環境税導入
・逮捕の少年エアガン発砲
・中学生にエアガン販売
・海賊対策日印合同訓練
・社交ダンスの世界大会に出場
・ドラフト会議
・峠の紅葉

いつものようにノートを片手に見ていてふと気がついたのだ。それは、
・お父さんやお母さんは、最初の方のニュースを一生懸命に見ている。
・弟は、ドラフト会議、エアガン関係。
・私は、最後の峠の紅葉が気に入った。
という事実から、

> ○話題は聞き手の年齢によって変えなければいけない。大人が楽しめる話題と、子どもが楽しめる話題は違う。男と女でも違う。

ということだ。夕方のニュース番組だったから、いろんな人が見るはずだから、このような多くの人に受け入れられる話題を選んでいたのだろう。

このことから私は、次のことを学んだ。

> 日頃から話題探しのアンテナを張って、聞き手に合った話題を集める

そして私は、菊池先生にたずねてみた。そこで、いい情報をもらった。少し長いがその内容を引用する。（現代教育新聞社というところに先生が書いた内容）

＊＊＊＊＊＊＊＊＊＊＊＊＊＊＊
「スピーチは楽しい内容にしよう」ということを子どもたちに話しています。「聞いた人が楽しくなるようなスピーチをしなさい」と話しているのです。スピーチの構成や話し方も大切ですが、聞き手のことを考えた内容を考えさせることも重視したいものです。

聞き手が不愉快になる内容は話させないようにすべきであると思います。
「自分も聞き手もニッコリするようなスピーチをしましょう」
「ユーモアのあるスピーチをしよう」
といった学級のルールを決めてもいいのではないかと考えているほどです。子どもたちには、常に、
「自分の話しているスピーチは、聞き手にどのように思われているだろうか？」
「自分の考えているスピーチは、聞き手にどのような印象を与えるだろうか？」
と考えさせたいものです。

相手の立場に立って話すということを、繰り返し子どもたちに指導したいものです。低学年では難しいことですが、自分を客観的に見つめながら話のできる子どもにしたいものです。

そのために、話させるテーマを次のようにします。自然とユーモアの出てくるようなテーマを子どもたちに与えるのです。

【低学年】
○先生あのね、きのうのこと
○私のたからものしょうかい
○私のかぞくをおしえるね
○学校の帰り道で見つけたよ
○私のこわいもの　　○なぜだろうふしぎだな
○行ってみたいなやってみたいな
○先生のこと知ってるよ

【中学年】
○ごまかし失敗大作戦　　○大好きなこの言葉
○わたしは豆はかせ　　○だめだよ！先生
○ことわざを教えてあげる
○3つの数字を使って
○聞いてよ私の意見
○知ってる？とっておきの話

【高学年】
○意外！？物知り広場　　○我が家のふれあい
○最新ホットニュース　　○こんなものいらない
○私の好きな人物　　○自分のこどもには
○感動したこの言葉　　○1枚の写真から

4．相手中心の話題を！

ここで2ページ前の「話題力　5つのポイント」をもう一度見てほしい。よい話題は勝手に入ってはこない。自分が「集めよう」「探そう」と意識しておく必要があるのだ。そのためには、「みんなは＝聞き手は、どんな内容を喜ぶかな」と相手中心の考え方をしておかなければいけないのだろう。

私は今、仲良しの友達との会話などで、
「あっ、今の話題はうけそう！」
「この話はみんなに喜ばれそう！」
などと、時々考えながら話している。ほんのちょっとだけど自分中心から相手中心に成長している。話題力は奥が深い。

簡単ですぐにできる話題の集め方

　話すことが苦手だという人は多いようです。でも、その理由に「話す話題がないから」ということに気がついている人は少ないのでは？
　ボールがなければサッカーはできないし、山がなければ登山はできません。同じように話す材料がないと話すことはできないのです。
　ということで、私のとっておきの話題の集め方を3つ紹介します。簡単ですぐにできるものばかりです。これで話題にも困らず、スピーチもバッチリです！

◆その1◆
『どこでもメモメモ大作戦』

「あっ、これはおもしろそう！」
「すごいなぁ。感心、感心！」
気になることをすぐにその場でメモする作戦です。友達と競争するとおもしろいですよ！

◆その2◆
『虫メガネでズームイン大作戦』

虫メガネを持って外に出るのです。
いろんなものが自分にせまってきます。
虫メガネの向こうに、みんなに伝えたくなる世界が広がっていますよ。

◆その3◆
『友達　5分間　観察大作戦』

「こうしたらいいな！教えてあげよう！」
「すてきなしぐさだ！紹介してあげよう！」
身近な人を「5分間」観察してみよう。
いろんなことを発見できますよ。

25

あなたは、相手に伝わる説明ができますか？伝えるには技術がいるのです！

説明力

古賀　俊貴

僕といっしょに「説明力」を学んでいこう！

これが説明力のポイントだ！

明確な目的をもって話しましょう。

説明力　8つのポイント

1. 英語や専門的な言葉を使わない。
2. 何を言うかを理解しながら話す。
3. 相手に質問されないように具体的に話す。
4. 明確な目的を持って話す。
5. 話すべきポイントをつかむ。
6. ラベリング、ナンバリングを使う。
7. 組み立てを考える。基本は「全体→部分」の組み立てだ。
8. 一番伝えたいことを決める。

1.「説明力」って何だろう？

　説明力とは、聞き手である相手のことを考え、話し方や伝え方を分かりやすく工夫して、相手に「分かった！」と思わせる力のことである。

2．あなたは、「説明上手」だと言われたことはあるか！

「何を言いたいの？ちゃんと説明してよ。」等と言われたことはないだろうか？ぼくは何度も言われた経験がある。例えば、算数の時間に、
「古賀君、なぜこの答えになったの？説明してください。」
と先生から言われて、
「え〜と、その〜、計算していたら…」
と答えてしまうことがよくある。自分でも何を話しているのか分からなくなることがあるのだ。そんな時に、先の言葉を友達から言われたのだ。その友達だけではなく、きっと周りの多くの人も、さっぱり理解できていなかっただろう…。

　こんな調子ではダメだと思い、『説明上手』と言われるために、僕は徹底的にこのテーマについて調べることにした。

3．全力で調べたこと！
①本を読んで分かったポイント

「説明」に関係する本を 10 冊以上読んだ。大人が読む本にも挑戦した！難しかったが、気合いを入れてがんばった!!

＜本を読んで分かった⁉ ポイント＞

> 1．英語や専門的な言葉は使わない。聞き手に伝わる言葉を使う。
> 2．何を言うのか理解しながら話す。

> 　話す前に内容を整理しておく。
> 3．相手に質問されないよう具体的に話す。例えや事例を入れる。
> 4．明確な目的を持って話す。聞き手にどうしてほしいのかを考えておく。

　本を読んで、「なんとなく」分かったような気もしたのだけれど、どうもハッキリしなかった…。

　そこで、続いて僕は、市内のテレビ局に行った。「説明のプロ」であるアナウンサーに徹底インタビューを行うことにしたのだ。本で読んだことを確かめ、そしてもっと新しい情報を得るために。

②テレビ局のベテランアナウンサーにインタビュー！

　テレビ局に初めて入って、緊張しながらも僕は一生懸命にインタビューをした。

　相手は女性ベテランアナウンサーだった。

> Q．専門用語やカタカナ語をなぜ使ってはいけないのですか？
> A．相手が分からないかもしれないから。そのような言葉を使うと質問されるから。
> Q．説明する時の心構えは？
> A．一生懸命伝えようという気持ちになる。伝えようという熱意が大事。
> Q．・・・・（続けていろいろ質問）

＜教えていただいた説明のポイント＞

> 1．相手に質問されるような言葉は使わない。専門用語やカタ

カナ語。
2．何かに置き換えてやさしい言葉を使う。普段の話し言葉で話す。
3．組み立てを考える。一番伝えたいことを決め、その後に具体的に整理して詳しく話す。
4．ラベリング、ナンバリングを使う。
5．全部を書かずメモにする。要点メモのみで説明する。
6．声に気をつける。一生懸命伝えようとすると声を大きくしたり強めたりする言葉が自然と出てくる。

4．ポイントを生かしたスピーチ例

今からサッカーの基本を教えます。目的は、みなさんがサッカーの基本を知り、上手になることです。僕の考えるサッカーの基本は次の3つです。
1つ目は、パスです。これは、味方にボールを送ることです。
2つ目は、ドリブルです。これはボールを足でけりながら走ることです。
3つ目は、シュートです。これは、相手のゴールに入れるキックのことです。
この3つがサッカーの基本です。この3つの基本を使ってサッカーを楽しんでください。
これで僕のスピーチを終わります。

このようにしてスピーチをすると相手にうまく伝えられるようになります。

5．古賀俊貴の「シェイプ当て」ゲーム

目的は、みなさんが説明上手になれるようにすること。

<ルール説明>

1．クラスをグループに分ける。
2．グループ内で説明する人を決め、その人だけが図形カードを見る。
3．説明する人は、1分以内で図形の説明を考える。
4．みんなに2分以内で説明する。聞き手は説明に沿って図形を書いていく。
5．答え合わせをし、得点を計算する。
6．得点をグループごとに合計し勝敗を決める。

得点は次のように入れる。

| 1．全てあっている…4点 |
| 2．2つ違い…2点 |
| 3．全て違う…0点 |

このような得点で決める。図形は分解すると4〜5個になるようにする。図形は下の絵のようなものがいいだろう。みなさんも工夫して考えてみては…。

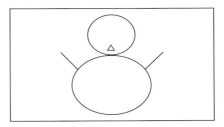

このようなルールに沿ってゲームを楽しんでください。これであなたは、説明上手になります！それは、このゲームをすることでうまく伝えるための工夫を考えるようになるからです。そして、それらを頭の中で整理できるようになるからです。僕のポイントは2ページ前です。

分かりやすい説明スピーチ3つのポイント！

その1．実際にしながら話す。

　実際に「その時」の様子をやってみながら話すということです。
　ドッジボールを投げて話す。オルガンを実際に弾いて話す。紹介する本の一節を朗読して話すなど応用は広いし、聞き手の印象は非常に強く、話題はいつまでも残ります。
　1年生からも使える技術です。

その2．黒板に書いて話す。

　お互いよい聞き手になることが、話す力を伸ばす上でも大切です。
　黒板に書いて解説しながら話すと聞き手はよく聞きます。
　話し手のほうも、はじめはメモを片手で時々見たりしていますが、だんだんメモを見なくなります。話しながら組み立てられるようになりたいものです。

その3．図や表を使って話す。

　個人やグループで調べたことを聞き手が興味をもつように図や表にまとめます。その図や表を使って分かりやすく話すのです。
　パソコンも活用してより聞き手に正しく伝わるようにしたいものです。
　この技術は、これからとても大切になると思います。

26

相手に伝わるポイントは具体的な話であること！

具体化力

石松　京介

具体化力を伸ばす７つのポイント

1. 話の中に数字を効果的に入れる。
2. 固有名詞を必要に応じて入れる。
3. 主語と述語の関係を忘れない。
4. ５Ｗ１Ｈを使って情報を正確にする。
5. 「例えば」を使ってイメージしやすくする。
6. 会話文を使ってその場を再現する。
7. 「漢字」をさけて、日常のやさしい言葉を使う。

1.「具体化力」を一言で…

具体化力とは、相手の理解を第1に考えて、分かりやすい表現方法を使える力のことです。

2．あなたの話は伝わりますか？

「あなたの話は難しすぎて分からない」「どういうこと？分かりやすく話して」などと言われたことはありませんか？相手に自分の話が伝わらないで困ったことはありませんか？

このようなことになるのは、あなたの話が具体的でないからです。相手に伝わる話ができるように、僕といっしょに学んでいきましょう。

3．私の調べ活動
①放送局でアナウンサーに「ドキドキ」インタビュー

アナウンサーは数字や固有名詞などを使って、視聴者に情報が効果的に伝わるようにアナウンスしています。具体的に情報を伝えています。その秘密を探るために、放送局を訪ね、アナウンサーにインタビューをしました。

Q：話す時に数字を入れるといいのでは？ 具体的になるから。

A：数字による。50平方メートルってパッと分かる？りんごが10個とかならわかるが。例えば、広さを表現する時は、広くなりすぎると、イメージしにくい。10万平方メートルとかは分からない。ヤフードーム何個とか、関東なら東京ドームにするとか。

数字も使い方、みんながよく分かる共通するイメージに置き換えて具体的な数字にしてあげることが大切。

な・る・ほ・ど・！

インタビューをして、お話していただいたことをもとに「具体的に表現するためのポイント」をまとめてみました。

> 1．みんながイメージしやすいものに置き換えて数字で示す。
> 2．数字があると正確だが、相手には伝わりにくいこともある。
> 3．固有名詞は、分かりやすいというより正確に伝えるため。
> 4．主語・述語で正確に表現する。
> 5．「5W1H」も必要に応じて使う。
> 6．「例えば〜のようだ」の「〜ようだ」という何に例えたかというところがポイント。
> 7．分かりやすい言葉を使う。
> 8．なるべく「漢字」を使わない。

②新聞、テレビ、本から学ぶ！

アナウンサーから教えていただいたことを頭に入れて、それから毎日、新聞、テレビニュース、話し方関係の本を読んだり聞いたり・・・がんばりました。

「今の『例え』はなかなかいいな！」

「数字がハッキリして分かりやすい！」

「事故のニュースだから5W1Hだ！」

・・・・・・・・・・・・・・・・・

真面目な？僕は、ノート片手に学びの日々をおくったのだ！そして、発見した「具体化力」のポイントは…。

4．具体化力に必要な7つのポイント

①数字
やはり数字が重要です。「たくさん」「みんな」「多くの」という言葉をなるべく話の中からなくすことが大切です。

もちろん前のページに書いたアナウンサーの話された数字の使い方には気をつけなければいけません。

②固有名詞
人の名前や場所の名前などのことです。
「あそこの公園で友達と・・」という話よりも、「香月中央公園で石松京介君と・・・」といった話のほうが具体的になり、聞き手は理解しやすくなるのです。

③主語と述語
意外とこのことを意識していない場合が多いようです。菊池先生に聞くと、
「日本語は主語がなくても意味が伝わる場合が多いので、気がつくと省略していることが多い。でも、それだと伝わらず誤解されることがある。」と教えてくれました。主語と述語のある話をめざしましょう。

担任の菊池先生にもインタビュー！

④5WIH
「誰が」「いつ」「どこで」「何を」「どのように」「なぜ」どうした、という話を組み立てる時の基本となる要素です。

内容によってはいくつかの要素はなくてもいい時がありますが、具体化力アップのためには忘れてはいけませんね。

⑤例えば
「例えば～のようだ」の「～のような」が重要です。具体的に置き換えるというのが大切。例えば、「〇〇公園がすっぽり入るくらいの広さで」と、より具体的にするのです。すぐにイメージできれば話はグッと分かりやすくなるのです。

⑥会話文
落語や漫才を思い出してください。会話文が入ると、その時の様子が生き生きとしてきます。相手への伝わり方が10倍は確実にアップします。

⑦日常のやさしい言葉
なるべく「漢字」を使わないで、相手に伝わる言葉を使うことも大切です。「ひらがな」を意識してたくさん使うのです。

相手が理解できなくて考え込んでしまうような言葉はやめて、日常の「普段着の言葉」を使うといいのです。

以上の7つのポイントが具体化力を伸ばすポイントです。「話し言葉」はすぐに消えてしまうので、この7つのポイントを意識しながら、慣れるまでは原稿を書いて目でも確認した方がいいでしょう。

具体的な話は、聞き手への思いやりです。

『具体的な話になる3つの題名のつけ方〜作文編〜』

「運動会をテーマに作文を書きましょう」と指示すると、多くの子どもはそのまま「運動会」という題名で作文を書いてしまいます。そのような作文は、
「今日は運動会がありました。ぼくは、かけっこに出ました。そして、ダンスをしました。・・・・」
というおもしろくないものになってしまいがちです。その子らしさが出てこないのです。読み手も楽しくなりません。

そこで、次のような題名のつけ方の工夫をさせます。教室の中に、楽しい作文が続出します。

1．長い題名にする

「題名を長くしましょう。」と言って、次のような例を示します。
- 運動会でこけて泣いたこと
- お母さんの笑顔が見えた運動会
- あと1歩で1位だった徒競走

このような例を示した後、「どんな作文なのか、内容を予想してみよう。」と聞いてみます。作文の内容が具体的で、生き生きとしたものになることに気づきます。実際に体験したことであれば、子どもたちはよろこんで「長い題名」のおもしろい作文を書き始めます。

2．副題をつける

1の「長い題名にする」と似ているのですが、
- 運動会〜初めての1位、ゴールの瞬間〜
- 運動会〜みんなが主役だった組体操〜
- 運動会〜ぼくが赤組応援団長だ〜

のように副題をつけさせるのです。ポイントは、おもしろそうな副題にするということです。もちろん書ける材料がないといけないのですが、子どもたちは意欲的に原稿用紙にむかいます。副題が作文の切り口になっているからでしょう。自分なりの結論がはっきりするので、最後までスムーズに書き終えることができます。

3．違う二つのことを「と」でつなぐ

これも運動会のことを例に考えてみます。運動会のことを書くのであれば、運動会とは関係のないようなことを「と」でつないで題名にするのです。

- 運動会と〇〇先生（運動会に転任された〇〇先生が応援に来てくれた）
- 運動会と浜崎あゆみ（ゴールテープを切ったときに浜崎あゆみの曲が流れていた）
- 運動会と父の赤い顔（演技中に見えたお昼休みにビールを飲んで赤い顔をしていた父の顔）

このような題名にすると、読み手は、「おやっ、おもしろそうだな。どんな内容だろう？」と興味を持ってくれます。書き手も作家気取りで鉛筆を動かします。
このような指導を行うと、具体的に書くことができるようになります。
「作文は楽しい」と子どもたちに実感させたいものです。

（この文章は菊池先生のＨＰから転載しました。菊池先生、ありがとうございました！）

27

キチンとした分かりやすいスピーチは短文で！

短文力

阿部　淳

短文力を伸ばす
「3秒ルール」を身につけよう！

聞き手にも分かりやすい
スピーチは短文で。

1文30字以内で書こう。
ダラダラ文は卒業だ！

作文もスピーチもやっぱり短文だな。
伝わりやすくなるな。

短文力アップ　2つのポイント

1. 接続助詞を使わない。すぐに句点（。）をつける。
2. 『1文10字→3秒』のルールを身につける。
   - 10字→3秒
   - 20字→5秒
   - 30字→7秒

27 短文力

1. 「短文力」とはこんな意味！

短文力とは、聞き手に話を理解してもらうために、短いセンテンスで話すことができる力のことです。

2. マル（。）は1つが500円！

菊池先生から、
「ダラダラ話さない。伝わらない。」
「文を切りなさい。意味が分からない。」
と、授業中にしつこく言われます。ビシッと言われます。例えば僕が、
「明治政府は国を強くしようと考えたのはいいのだけれど、それは市民にとってはいろいろ困ることも出てくるから、自分だったらと考えると…。」
などと発言した時です。厳しいのです。

そして、先生は、
「句点のマルは、1つが500円です。500円玉なのです。たくさん貯金しましょう。」
とも言われました。な・る・ほ・ど！！

そこで僕は、ダラダラ文を止めて、センテンスを短くする「短文力」を調べることにしたのです。

3. 阿部淳の短文力挑戦の旅
①テレビニュースを徹底分析！

たくさん観ました。聞きました。「NHKニュース7」「RKBイブニングニュース」「TNCスーパーニュース」…毎日毎日、鉛筆とノートを用意して…。

確かにアナウンサーの方はダラダラ文では話していませんでした。「です」「ます」で歯切れよく伝えています。

でも、僕には「そのポイント」がま

だ分かりませんでした（くやしい…）。

②本屋さんに突撃！

黒崎にある大型書店「クエスト」に行きました。「話し方」の本を買うためです（本当は手にとって読むだけ…）。

コーナーいっぱいに関係する本が並んでいました。パラパラとめくってみました。「なるほど、なるほど…。」

でも、「文は短くすること」とは書かれているのだけれど、「そのために『こう』したらいい」という何かがないように感じました。

仕方がないので・・・そこを出て、寂しくゲームセンターに寄って帰りました。

③先生の授業にひらめいた！

「短文力」が気になって仕方がありませんでした。学校にいてもそのことが頭から離れませんでした。

そんな時、『アッ』とひらめいたのです！！　菊池先生の話し方です。
「分かった人から立ちます。」
「時間は3分間です。」
「5つ書けたら6年生です。」
・・・・・・・・
全て（？）が短いのです。パッパッと話しているのです。

『これだっ！！』と僕は思い、先生に、
「先生。僕は、テレビのニュースも見ました。本屋さんに行って調べもしました。でも、短文力のポイントが分かりません。どうか、そのコツを…。」
と哀願しました。

すると先生は、とっておきの情報を教えてくれたのです。それを大公開します。

4．これが短文力の急所だ！

　先生が僕に見せてくれたのは、「教育技術 2005 年 6 月号」（小学館）の、なんと菊池先生の書かれた文章でした。
＝＝＝＝＝＝＝＝＝＝＝＝＝＝＝

「スピーチは時間感覚」

「ビールはいちダース」（9字・3秒）
「きょうのおはなしは」（9字・3秒）
「きょうのおはなしは、ハムスターのおはなしです」（22字・5秒、途中の間〈テン〉が一つ）
「きょうのおはなしは、わたしのだいすきな、ハムスターのおはなしです」（32字・7秒、途中の間が二つ）

　平均的にいうと、

```
・10字（3秒）
・20字（5秒）
・30字（7秒）
　＊＊＊＊＊＊＊＊＊＊＊＊
・30字1文 （7秒）
　　　↓
・4～6文（30秒）
　　　↓
・8～12文（1分）
```

　これが時間感覚の基準と考えたらいいでしょう。基礎になっているのが10字3秒です。
－￥－￥－￥－￥－￥－￥－￥－￥－
「きょうのおはなしは、わたしのだいすきな、ハムスターのおはなしです。
　わたしのたんじょうびに、ははからプレゼントに、かってもらったものです。いろはちゃいろとしろ。おおきさは、ななセンチ。
　かごからだすと、てからかたへあがってきて、ときどきみみをほじくって、とてもかわいいです。
　　　　　　　　（5センテンス、30秒）
－￥－￥－￥－￥－￥－￥－￥－￥－
　練習は、原稿用紙にモデル文を視写してから、字数とタイムの感覚を体得させます。
　1センテンス30字・7秒感覚の練習→次に4～6センテンス30秒感覚の練習、これができるようになれば、8～12センテンス1分間スピーチへと発展していきます。

5．まだまだ短文力挑戦の旅は続く

　読者のみなさん、どうでしたか？少しは短文力について理解していただけたでしょうか？

　もちろんこれで「終わり」ということではありません。聞き手に理解してもらえるために、自然に短いセンテンスを積み重ねることができるようにならなければいけません。次のページにそのための練習を2つ載せています。みなさんもチャレンジしてください。

27 短文力

短文力をアップさせる楽しいゲーム

1.「1本の〇〇」短文対決ゲーム

とっても簡単なゲームです。あるものを見て、1分間で何文話せるかを競うゲームです。次のようなルールで行います。簡単だけど必ず盛り上がる楽しいゲームです。

① 2人組みになり、ジャンケンをする。
② 勝った方があるものを見せる。（例：1本の鉛筆）
③ 負けた方は1分間でそのものを見て「分かること、考えたこと」などをたくさん話す。
④ ②と③を入れ替わって行う。
⑤ 話した文の数が多い方が勝ち。

※原則として「主語・述語」のある文とします。極端な早口はアウトです。
※2人組→グループ→学級トーナメントと発展させていくとおもしろいです。

2.「理由づけ字数限定」短文対決ゲーム

このゲームは、1のゲームを進化させたものです。結論の理由を、字数を限定して短文で考え合うゲームです。最初は難しく感じるかもしれませんが、慣れると「1文字にこだわる」感覚が出てきて楽しくなります。

① グループで問題を出す人を決める。
② 問題を出す人が、字数とテーマ、判定基準を発表する。
　例：「字数は、20字。テーマは『宿題はよい』。おもしろい理由をぴったり20字になるように書いてください。順位は、20字に一番近く、内容がおもしろい人です。」
③ 各自が理由を20字マスの用紙に書き込む。
④ 読み合って、優勝者を決める。
　例文　「べんきょうのしゅうかんが、しぜんとみにつく。」
⑤ 問題を出す人を交代してゲームを楽しむ。

※10字マス、20字マス、30字マスのプリントを作っておく。
※字数オーバーは認めない。
※「作文対決」は、「スピーチ対決」の場合を次のように変えるといい。
　・「作文対決」・・・漢字1文字を1字とする。（「対決」は2字）
　・「スピーチ対決」・・・音の数で計算する。（「対決」は「たいけつ」で4字）
※優勝者は、問題を出す人が決めてもいいし、みんなで「セーノ・ドン」で決めてもいい。
※同じテーマで、10字、20字、30字と3種類の長さで理由を考え合ってもおもしろい。

28

楽しい話は、『間』力から。「話力」は「間力」（#^o^#）！！

「間」力

戸田　万耶

「間」力　3つのポイント

1. 相手が、「うんうん」と言える「間」のある話をしよう。（『うんうん』これが約1秒）
2. 話題を変える時は、2秒が基本。（作文でいえば段落を変えるところ。「大きな間」を意識しよう。）
3. 3つの間を意識しよう。
   - 息つぎの間
   - 言いたいことを強調する間
   - 聞き手にもっと理解してもらうための間

28 「間」力

1.「間（ま）力」って何だろう？

聞き手に伝えたい内容を分かりやすく伝えるために必要な間を効果的に使うことができる力のことです。

2.「話力」は「間力」

スピーチをした後に、菊池先生から、
「間がない。聞き手は聞きづらい。あなたが何を伝えたいのかも分からない。」
と言われたことがあります。

「『話力』は『間力』」

と、黒板に書かれたこともありました。

3.『間力』の『魔力』にとりつかれて‥

「間力」をテーマに、私は真剣に調べていきました。その涙ぐましい（？）努力の様子を書いていきます。

①テレビ番組、教科書ＣＤにどっぷり

大好きなテレビドラマを観ながら研究（？）しました。「鬼嫁日記」の観月ありささん、「１リットルの涙」の沢尻エリカさん。

決して早口ではありません。微妙に間があるのです。さすが人気スターと感心することばかりでした。

もちろん、学校にある国語の教材ＣＤも聞いて、朗読に耳を傾けました。

このような調べ活動を行った結果、次のようなことが、分かりました。

○自然な息づかいで声を出していて、息の切れたところに間がある。
○大きな間と小さな間がある。

②プロアナウンサーにインタビュー

アナウンサーにインタビューしました。「その道のプロに聞け！」と先生に言われて放送局を訪ねました。

＊＊＊＊＊＊＊＊＊＊＊＊＊＊＊＊
Ｑ：間は１～２秒と言われていますけど？
Ａ：伝えたいことによって違ってくる。人間の脳みそは、言葉が 0.4 秒以上空くとその時の話の内容を理解するようになっている。それよりも短いと無理である。「フンフンヘー」で２秒。
３秒の間を取る時はすごく大事な時。間があくと何だろうと思う。数秒間のウンウンという間が大事。
Ｑ：「間」を使うポイントは？
Ａ：人によってちがってくる。聞いてほしいタイミングを考えること。伝えるためにも、確認のためにもそれは必要。伝わり方が違う。間がないと、聞いている相手を見ていないことになる。
＊＊＊＊＊＊＊＊＊＊＊＊＊＊＊＊

アナウンサーにインタビューして分かったことを私なりにまとめてみると、次のようになりました。

○間の微妙な長さの違いを意識せよ。
○伝えたい内容や伝える相手との関係で間のあり方が決まってくる。
○間は伝え合うために相手と自分をつなぐ重要なものである。

やはり、先生が書いたように、『話力』は『間力』なのでしょう。まるで『間力』は『魔力』だ。フムフム…。

4．3つの間を身につけよう！

　ということで、私の調べた「間力」について、「これがポイントだ」ということを説明します。一番の結論は、

> 『3つの間をマスターしよう』

ということです。具体的には、

> 1．息継ぎの間
> 2．言いたいことを強調する間
> 3．聞き手にもっと理解してもらうための間

というこの3つです。順番に説明していきます。

①息継ぎの間

　ドラマを観ていて分かったことです。意味がつながっているセリフは、一息で話しています。息を吸って話し始めて、息がなくなった時に多くは句点がきています。

　その時に、小さな息継ぎの間が生まれているのです。これは、テレビ局のアナウンサーがおっしゃっていた人間の脳が理解するための0.4秒なのかもしれません。この小さな間があるから聞き手も聞きやすいのでしょう。

　早口の人にはこの間がほとんどないのです。今までの私のスピーチみたいに…。

②言いたいことを強調するための間

　ドラマを観たり朗読CDを聞いていたりすると、時々、高く強く発音している言葉があることに気づきます。そのような言葉の前では、必ずといっていいほど1拍程度の間があります。

　そうです。これが、強調する間です。

　聞いてほしいことがある、伝えたいことがある、という話し手の思いの表れです。この1拍の間を身につけたいですね。

③聞き手にもっと理解してもらうための間

　いつか授業で、

> うんこのホテルだよ。

という文に読点を打ちましょう、という学習がありました。（変な例でごめんなさい・・・）教室は盛り上がりました！？

　伝えたい意味をよく理解してもらうために、1拍の間（この場合は読点）をどこに置くかということを考えました。

　書き言葉をそのまま話す時には特に注意しておかなければいけません。

5．間のあるスピーチや会話に挑戦！

「今日は、大きな間をあけて話そう」
「間を理解する時間だと意識して聞こう」
といっためあてを立ててスピーチや会話をします。間の『魔力』がよく分かります。お互いの理解が深まります。みなさん、試してくださいね。

　次のページは楽しい間に関係した内容です。読んでねっ！！

スピーチ最初の「間」で安心スタート!

「あがったらどうしよう・・・」
「ドキドキ・・うまくいくかなぁ」
こんなふうに心配している人はいませんか？
　でも、ご安心を！
　次の「あがり防止」のコツを身につけると大丈夫ですよ。

アイコンタクトとセットで間を取るといいよ！
1. よく聴いている人と目が合った時。
2. 意識して全体を見わたし、仲良しの友達と目が合った時。

スピーチ最初の「間」で「あがり」を防止、後はスラスラ気持ちよく話そう！

1．話をする時に立つ位置を決める！
「前に出て話す」「演台の前で話す」ということは分かっていても、「立つ位置」をキチンと決めている人は少ないようです。

2．立ち止まる！
あわてないで決めていた「立つ位置」でゆっくり止まりましょう。
自然な「間」が生まれてきます。「あがり」も弱くなってきますよ。

3．全体を見わたす！
聞き手全体を見わたします。自分が思っているほど聞き手はあがっているとは思っていません。

「立つ位置」を決めて、ゆっくり「間」をとって！

4．一呼吸おく！
息を大きく吸ってください。
深呼吸は落ち着きを生み出します。
この「間」がポイントです。
「あがり」を防ぐことにもなります。

5．第一声をハッキリ言う！
最初の一文は「一番後ろの人に聞こえる大きさ」が基本です。
「ハキハキと美しい日本語で」を心がけてくださいね。

29

反論力を身につけ、話し合いを楽しみ、深く考えられる人に！！

反論力

白川　稜也

相手を傷つけない反論が大切だな。

よい話し合いのポイントは反論だな。

反論は「４拍子」でしているようだ。

たくさん反論の種類があるようだ。

反論力　４つのポイント

～反論は思いやりの気持ちで～
1．相手に伝えようと思う。反論はお互いによいものを生み出すためにする。
2．相手の人格を傷つけない。人と意見を区別して、意見への反論をする。
3．２つの反論のパターンを身につける。主張への反論と根拠への反論を知る。
4．反論は４拍子で。「引用→否定→理由→結論」の構成で行う。

１.「反論力」とは何か

　相手の意見に対し、新しい内容を作り出すために反対意見を重ねることのできる力のことです。

２．話し合いの現状は？

「賛成なの？反対なの？どっち？」「ただ言い合っていてもダメでしょ！」などと、話し合いの時に言われたことはないですか？　そして、多くの参加者は黙ってしまい、結局は多数決にたよることが多いようです。「みんなに笑われたらどうしよう。」などと思ってしまい、多数決に逃げてしまっているようです。

　たまに意見が対立する時もありますが、お互いに文句の言い合いになっていて、嫌な気持ちになることもあります。

　このような話し合いになぜなるのでしょう？それは、「反論力」が弱いからです！効果的に反論する力をつけないと、今のこのような現状は変わりません。

３．反論力のポイント

　反論力のポイントをみつけるために、僕が調べたことは次の３つです。

①ディベートを経験して

　僕たちの教室ではディベートもしています。ディベートでは反駁が重要です。反駁とは反論です。教室でディベートをする時は、「反駁は４拍子で」と先生によく言われます。「４拍子」で反論をすると相手にも効果的に伝わるからです。順序よく話せ、相手に分かりやすく伝わるので、勝敗の評価も変わる時があります。後で詳しく説明します。

②本を「乱読」して

　「議論」に関係する本や雑誌をたくさん読みました。そのなかでも一番ためになった本は、「議論力が身につく技術」西部 直樹著です。人を傷つける反論は×と書いていたからです。初めて知りました。当たり前のことかもしれませんが、忘れてしまいがちなポイントです。人と意見を区別しないといけないのです。

③「ＴＶタックル」でふと気づいて

　このテレビ番組を見ると、なんと反論が反論になっていなかったのです。ある国会議員が意見を言っていると、違う国会議員が「だから違うんだよ！」と大きな声で言うだけ。お互いに話を聞いていない。よくある光景です。相手の何に反論しているのか、何のために反論しているのか、よく分かりませんでした。

４．反論の４つのポイントとその解説

　この４つのポイントができました。

```
１．相手と分かり合うために行う。
２．相手の人格を傷つけない。
３．２つの反論パターンがある。
４．反論は４拍子で。
```

①「相手に伝えようと思う」

　これは、相手のことを一番に考えたことです。相手に伝えようとせず自分中心に考えてしまうと、相手に伝わっておらず、反論した意味がなくなるのです。

②「相手の人格を傷つけない」

　これも相手一番に考えたことです。「なんだこの人？」と思ってしまい、反論しても伝わりません。ケンカに

なるだけです。

③「2つの反論パターンを身につける」

これは反論の技術の一つです。その2つは、主張に反論する。理由に反論する。の2つです。この2つは反論の基本です。

④「**反論は4拍子で**」

これは、①引用　②否定　③理由　④結論、この4つです。このような言い方です。「○○とあなたは言いました。しかしそれはおかしいです。なぜかというと、○○だからです。だから○○はおかしいです。」の4拍子です。

5．反論採点ゲーム

簡単な反論ゲームを考えてみました。

<ルール>
1．2人組でじゃんけんをし、肯定、否定を決める。
2．テーマを決める。
3．お互いに3分間で肯定、否定の両方のスピーチを考える。
4．肯定側からスピーチをする。
　スピーチの条件は、
　　・意見は2つ言う。
　　・それぞれに理由をつける。
　　・時間は1分間。
　否定側は反論できるようにスピーチのメモをする。
5．スピーチが終わったら、否定側はメモをまとめ、反論スピーチを4拍子で考える。時間は1分間。
6．否定側は反論をする。時間は1分間。
7．肯定側は、メモをとり、判定ができるようにする。
8．交代し、終わったら勝敗をつける。

<判定の基準>
○3秒あけずに言った。
○4拍子で言えた。

●ゲームの様子
<スピーチと反論例>

○テーマ　「TVゲームは良い」
○肯定側スピーチ例
　（意見は、「気分転換ができる」「友達との話題が増える」。詳しい内容は略。）
○否定側反論例（2つ目の反論は略）

引用・「気分転換できる」と言いました。
否定・しかしそれはおかしいです。
理由・なぜかというと、熱中しすぎて逆にゲームのことばかりが気になり、スカッとしないからです。
結論・だから「気分転換できる」という意見はおかしいです。

<反論に自信がつくと堂々と話せるよ>

反論力が身につくと、話し合いがかみ合ってきて、新しい発見が増えてきます。

一人ひとりが堂々としてきて、「仲良し度」も不思議とアップしてきます。

反論力をもっと身につけるために！！

今までに述べたことをもう一度まとめてみました。
いっしょに復習していきましょう。

1．二つの反論パターンを覚えよう!!

本文中にも書いたポイント③を図で表したものです。

これが反論の二つのパターンです。意識して使い分けられるようになると、話し合いや会議で役立ちます。

2．相手の人格を傷つける反論は×!!

個人攻撃をしてしまうと、議論そのものができなくなってしまいます。また、論理的なものよりも感情的なものが優先されてしまいかねません。

感情的なもの（例えば、「怒り」など）が優先されてしまうと論じている事がらはどこかにいってしまいます。つまり、ケンカになってしまうのです。

「人」と「意見」を区別して、「人」を攻撃する＝人格を傷つける反論はやめましょう。

30 語彙力

あなたの話が聞き手にどれだけ伝わるかは、あなたの語彙力にかかっています。

谷　龍太郎

学級の教室後ろの「秋」の黒板です。
季節が変わったり行事が近づいたりすると、
それらと「関係する言葉」を書き込んでいます。
言葉の量を増やすためです。

伝えたい内容にピッタリの言葉を選んで使えるようになりたいなぁ。

語彙力アップ　5つのポイント

1. わからない言葉をそのままにしない。すぐに辞書を！
2. 文学作品を読む。特に心情や情景描写に気をつけて！
3. 初めて知った言葉を使ってみる。できればその日のうちに！
4. ありきたりの言葉を使わない。「うれしかった」を使わない日を！
5. 新聞を読む。テレビゲームの時間を新聞に！

1．僕が考える「語彙力」とは？

　語彙力とは、伝えたい内容にピッタリとした言葉を、相手に分かるように選んで表現できる力のことです。

2．いつも「ムカツク」でいいの？

　下の調査結果を先生から見せてもらいました。6年生の場合ですが、同じ学年なのに4倍近くの差があります。ビックリしました。そして、言葉の数が年々少なくなっているということも知りました。

成績水準 （小学6年生）	意味のよく分かっている言葉の数
上位	37000
中位	16000
下位	8000

　そういえば、今の子どもたちは、何か上手くいかなかった時、友達とけんかをした時、・・・どんな時も『ムカツク』という言葉で片づけてしまう傾向がある、という話を聞いたことがあります。

　このままではいけません。僕なりにどうすればよいのかを考えてみました。

3．語彙力について調べました！
①図書館「司書」の田坂珠美さんに突撃!!!　インタビュー

　田坂珠美さんは、学校近くの八幡南図書館に司書として勤務されている方です。

　僕がなぜ田坂さんにインタビューしたかというと、司書という仕事は本をたくさん読んでいて語彙力について詳しいお話が聞けると思ったからです。

Q：「語彙力を身につけるためにはどんなことがあると思いますか。」
A：「やはり読書ですね。『名作』といわれている本は読んでおきたいですね。語彙も増えると思います。教科書にもよいお話があるでしょう。声に出して読むといいですね。もちろん新聞を読むこともいいですね。
　私は個人的には毎日日記を書いています。これも言葉を増やすにはいいことだと思っています。」
40分ほどお話を聞きました。

・読書をする。
・テレビやゲームの時間を減らす。
・声に出して本を読む。
・日記などの書くことをする。
・読み聞かせをする。

どれも納得する話ばかりでした。
特に「なるほど」と思ったお話は、

・携帯電話などが子どもたちの語彙を低下させている。
・北九州市は赤ちゃんが産まれたお母さんに「読み聞かせセット」を数年前から渡している。

ということです。
　確かに携帯電話の問題は、「今、ど

こ？」「うれしいな！」「悲しい…」等と簡単な言葉だけでやり取りしている人が多いから、このままでは語彙力は下がってしまうと思ったのです。勉強になりました。

　北九州市の取り組みは初めて知りました。とてもいいことだと思います。このことについては次のページで詳しく紹介しているので読んでくださいね。
②**本で調べ活動！！**
　本にもいろいろな情報が書いてあると思い、関係する本で調べました。1か月間、毎日毎日読み続けました。
・相手に分かってもらおうと思い、詳しく説明するのが良い
・本を読むことと同じように、人と会って話をすることが大事
ということが分かったことです。「本」と「人」がキーワードです。

4．この4つで語彙力がつく
①**読書をする。『声』を出して読む**
　このことがやはり一番です。本や新聞を毎日少しずつでも読むことです。
②**初めて知った言葉を使う**
　テレビ、本、人からその日初めて知った言葉をその日のうちに使うのです。
③**分からない言葉をそのままにしない**
　意味の分からない言葉と出合ったら、辞書で調べる、人に聞くということです。
④**ありきたりな言葉を使わない**
　例えば、「微妙」「何となく」「ふつう」などの適当な言葉ですませないで、その時の気持ちや様子にピッタリな言葉を「しつこく」探したり、内容を細かく説明したりすることが大切なのです。

5．僕たちの学級での取り組み
　語彙力をアップさせるための代表的な2つの取り組みを紹介します。
①**教室後ろの黒板の活用**
　教室後ろの黒板を使って「言葉集め」をしています。辞書やカレンダーなどからも言葉を集めています。どんなテーマでもよいのでみなさんもやってみて下さいね！！2ページ前の写真を見てね。
②**ディクショナリーゲーム！！**
＜ゲームの進め方＞

> 1．四人グループになります。
> 2．辞書で相手が知らないような言葉を調べます。
> 3．調べた言葉の意味を三択問題にして、順番に出し合います。
> 4．問題に正解した人には1点。点数の一番多い人が勝ちです。

例：問題『ニッケル』
①金属の一種　②油の一種　③植物の名前　さて正解は何番？……正解は①番。

簡単なのでぜひやってみてください！！辞書が友達のように感じられますよ！！
＊　＊　＊　＊　＊　＊　＊
　僕たちは、今日も黒板に言葉を集め、辞書を使って言葉を楽しんでいます。

30 語彙力

北九州市!「新読書」の取り組み紹介!

北九州市では、子ども（赤ちゃん）の時から読み聞かせをしよう！という取り組みをしています。「ブックスタート」という取り組みです。

子どもに読んでほしい、子どもが読める本などを紹介しています。

この取り組みは、語彙を増やすためにもいいことです。読書は語彙力アップに欠かせないものだからです。

ここでは、その取り組みの目的や価値を紹介します。

（写真は、「ブックスタート」の1セットです。）

◆「ブックスタート」で親子のふれあいを

赤ちゃんは、抱っこで優しく語りかけてもらうことが大好きです。

おっぱいの匂いのするお母さん、どっしりしたお父さんの腕の中、やさしいおじいちゃん、おばあちゃんの抱っこの中で、愛情たっぷり読んでもらう絵本の時間は、親子の絆を深め、赤ちゃんの心を豊かに育んでいきます。

◆「ブックスタート」の目的

こどもと本を結ぶだけでなく、本を仲立ちとして、人と人を結ぶコミュニケーションづくりを目的としています。

◆絵本は、なぜいいの？

○赤ちゃんは、絵本を読んでもらうことが大好きです。お母さんの温もりを感じたり、読んでくれる大好きな人の声を聞くことで、安心感・満足感・信頼感を覚えます。
○赤ちゃんは、言葉の響きを楽しんでいます。同じ言葉を繰り返し聞くことで、ことばの発達がうながされ、お父さん、お母さんとのふれ合いが深まります。
○絵本の中に広がる様々な世界の体験の中で、創造力や探究心、やさしさや強さを身につけていきます。

（北九州市「ブックトーク」パンフレットより抜粋引用）

ふれあい力は、コミュニケーションを伸ばす「土台」となるものです！

ふれあい力

1年生との楽しいふれあい。
やさしいお兄さん、お姉さん

田頭 ひとみ

指スマをしてふれあおうよ！

こうやって
ふれあっていると
話しやすいな

たくさんふれあおう！
なんだか話しやすくなってきた

ふれあうって楽しいね

ふれあい力を育てる５つのポイント

1. 昔遊びをする。（スキンシップ）
2. 友達とたくさん遊びコミュニケーションを伸ばす。
3. 群れ遊び、外遊びをする。
4. 歌と動作を一緒にする伝承遊びをする。
5. 言葉のやりとりや、心の会話をキチンとする。

1．「ふれあい力」ってなんだろう？

ふれあい力とは、スキンシップをとって自分から相手との関係をよりよくする力のことだ。

2．今の子どもはふれあい力がなくなっている！？

今の子どもたちは、外で遊んでいない。例えば公園。子どもの姿をあまり見ない。外で遊ぶ子どもの数が減っている。

夏になると「暑いから」、冬になると「寒いから」と言って家の中で遊ぶ。家の中で何をしているかというと、ゲームやマンガ。これでは大人数でふれあえない。おじいちゃんに聞くと、昔は外で群れ遊びをしていたらしい。スキンシップのある「はないちもんめ」などである。家の中での遊びは、歌や動作などが入った遊びだったらしい。

今と昔、どっちがいいのだろう？「人と人とのかかわりづくり」をし、コミュニケーションを高めていくスタートになると思われる「ふれあい」について、私は真面目に調べることにした。

3．私の調べ活動
①私の「ふれあい」経験

5年生の時の自然教室で「わんぱく大作戦」というプログラムを友達と協力して行った。グループでふれあいながら活動していく内容だった。その時「大切だなあ」と思ったことは、自分から声をかけ、相手の気持ちを考えて行動することだった。ふれあってコミュニケーションをとれば、個人の力以上のものが発揮できると思った…。

②全国童話人協会副会長の本村義雄（くまごろう）さんにインタビュー

なぜ、本村さんなのか！本村さんは、全国を回って色々な人たちに本を読んだり、昔遊びを紹介したりしているので、「ふれあい力」に詳しいと思ったからだ。ふれあうことによってコミュニケーションを豊かにされていると思ったからだ。

自己紹介の後、大好きなアイスをいただいて、ニコニコ…。その後、1時間のインタビュー！たくさんのことを教えていただいた。それが、↓だ。

1．あいさつ（友達との大切なこと）

2．名前を呼ぶ（○○君、○○さん）

3．話をする（ニュース、ドラマなど）

4．いっしょに何かを食べる（友達が来たらお菓子などをごちそうする）

5．しっかりとふれあう（ボディランゲージ）

6．昔遊びをする（色々と遊んで楽しかったらふれあえたといえる。でもそのためには一生懸命遊ぶ。決まりを守る）

7．家の手伝いをする

---

③金子書房発行「児童心理」
聖和大学短期大学中川香子教授の論文

菊池先生に、先生たちが読む本を紹介してもらった。とても難しかった…。

中川教授は、ふれあいがコミュニケーションを豊かにすることを主張されていた。何度も何度も読み返し、赤線を引いて勉強したのだ！　私は頑張った！！

1．人同士の会話が大事
　顔を見合わせてアイコンタクトをする。うなずき、あいづちを入れる。

2．遊ばなければ何も始まらない
　群れ遊びをし、ボディランゲージのある遊びもする。

　このようなことが書かれていた。本村さんが話されたことと似ていた。納得！

4．ふれあいのポイント解説

　当たり前のことかもしれないが、ふれあい力を伸ばすポイントはこの4つだ。

◎昔遊びをする。
　スキンシップのある遊び。
◎友達とたくさん遊ぶ。
　なるべく外（公園）で遊ぶ。
◎群れ遊びをする。
　人数の多い遊び。例えば鬼ごっこ。
◎言葉や心の会話をキチンとする。
　この会話についてのコツは、↓これだ。

1．相手の話を最後まで聞く。
2．相手の意見を批評しない。
3．嘘のあいづちや聞いている「ふり」をしない。
4．相手という人間に興味を持つ、まるごと尊敬する。

5．私たちの学級の取り組み

　ここで、私たちの学級のふれあい活動を紹介しよう。1年生と行った「自己紹介ゲーム」だ。必ず盛り上がるゲームだよ。

　ルールは簡単。自由に教室を歩き回って相手を探す。見つけたら自己紹介を行う。それを何度も繰り返す。時間は3分間。

＜自己紹介ゲームのやり方＞
1．握手
2．じゃんけん
3．勝った方から自己紹介（名前、得意技、最近あったうれしいこと）
4．負けた方が自己紹介（3と同じ）
5．握手
6．次の人と1～5を繰り返す

　1年生が帰った後、みんなに感想を書いてもらった。「話し方が変わった。」「1年生が自分から話しかけてくれた。」というのが多かった。代表的な感想を書く。

（吉田稚菜さん）
　話し方は変わったか？と聞かれたら、どちらかというと変わったと思う。その理由は、相手の立場に立って話せたからだ。前は自分中心だったけど1年生とふれあうことで「自分中心→相手中心」の話し方に変わった。

（青木彩香さん）
　1年生が来た時は、私との会話がなかった。でも、「指スマ」をした時から明るく私に話しかけてくれたのでよかった。私も1年生に話す時にすぐに1年生が答えられるように工夫した。（工夫とは、「はい」か「いいえ」で答えられるようにした、など！！）

　みなさんの教室でもしてみてね。コミュニケーションが楽しくなるよ。

私のオススメ 4つのふれあい活動

◆席替えをしたときに◆
1．指スマ
2．指相撲（女子は人差し指と親指）
3．あっちむいて、ほい
4．じゃんけん

などをする。席替えをしたら隣の人が新しい友達になるので、その時にこのようなふれあい活動をして仲良くなる。

◆すき間時間に◆

1 握手あてっこ
　ルールは、ペアになって、両目をつむり、握手によって自分のパートナーを当てる、とシンプルなもの。

2 名刺交換会
　準備物・名刺の大きさに切った画用紙。（人数分）、鉛筆
　まず紙に次のことを書く。
①自分の名前
②得意技
③好きな食べ物

　次に、相手を見つけたら、握手をしてじゃんけんをする。勝った方から①〜③のことを紹介する。その後、負けた方が自己紹介をする。終わったら紙の裏に相手のサインをしてもらう。最後は、握手で別れる。5分間でできるだけ多くの人にサインをもらう。お互いに「ひとりぼっち」を出さないように気をつける。
※名刺に書き込む内容は、本人が自信を持って紹介できることなら何でもいいよ。

3 自己紹介すごろく
　まず、2人でペアをつくる。そして、いっしょにすごろくをする。
　すごろくの内容はこういうもの。
○何人家族？○あなたの趣味は？
○誕生日は？○将来の夢は？
○夏休みの思い出は？
○好きな季節は？
○今日の気分は？
○100万円あったらどうする？
など。

　このようなことをすればふれあえ、コミュニケーションが自然に楽しめるのです。私たちのクラスでは、＜すき間時間＞によくやっています。

ユーモア力

ちょっとしたユーモアで、相手と場を楽しくして伝え合おう！

前澤　智弘

ユーモア力アップのための５つのポイント

1. どんな時でも笑顔を忘れない！
2. 話のきっかけは、「見たまま・思ったまま」で！
3. 素直な感想で聞き上手になる！
4. 「連想」と「質問」で話をふくらませ！
5. 「間」を意識して会話をコントロール！

1.「ユーモア力」を一言で言うと

ユーモア力とは、話の中にちょっとした面白さを入れ、場を楽しくさせる力のことです。

2.「あなたの話は面白い！」と言われたことはありますか？

「まじめな顔して話してもちょっとね。」

「あの人の話は面白い。また聞きたい。」

このような違いが出てくる原因は何でしょう。

僕は、話の中にユーモアがあるかどうかがその大きな原因の一つだと思います。

明石家さんまさんやタモリさんは、トークの時にちょっとしたユーモアをとり入れてみんなを楽しませていますよね。

お笑い好きな僕といっしょにユーモア研究をしていきましょう。そして、「あなたの話は面白い！」と言われましょう。

3.お笑い番組を「すべて」見る

僕はこの１か月間、お笑い番組をいろいろ見ました。

①笑いの金メダル ②お笑いライブ10
③内村プロジェクト　④水10
⑤笑っていいとも　　⑥バク天
⑦エンタの神様　⑧リンカーン

この８つの番組を見ました。
この中で僕が選んだ「ユーモア王」は、

①明石家さんまさん ②タモリさん
③ビートたけしさん ④加藤茶さん

⑤島田紳助さん　　⑥志村けんさん

この６人です。ユーモア力のある人です。この８つの番組を見続け、特に６人のユーモアあふれるトークを分析して、そのポイントを５つ見つけました。

①どんな時でも笑顔を忘れない！
②話のきっかけは「見たまま・思ったまま」でスタートさせよう！
③素直な感想で聞き上手になる！
④「連想」と「質問」で聞き上手に！
⑤「間」を意識して会話をコントロール！

4.ユーモア力５つのポイント解説

この４つのポイントを解説します！

①どんな時でも笑顔を忘れない！

・相手の話は笑顔で聞く。

・人に会ったら一番最初に笑顔を見せる。

②話のきっかけは「見たまま・思ったまま」で！

・「見たまま」とは、相手を見て気づいたことを口にする。服装や持ち物など。

・「思ったまま」は、話している人の話から思ったり、想像したりしたことをそのまま「ポッ」と声に出してみる。

③素直な感想で聞き上手になる！

・正直な感想をしっかりと話す。

・人の感想も聞く。リアクションする。

④「連想」と「質問」で話を膨らませ！

・「連想」は、相手が話していることから１つ１つ想像して世界を広げる。

・「質問」は、相手が話していることで

分からないことがあったら質問をする。
⑤「間」で会話をコントロール！
・「間」を意識して話すと相手に分かりやすくなる。自分も話していて分かりやすくなる。だから、「間を意識できる人がユーモアあふれる会話をコントロールできるのだ。

5．「Yes、but、笑点ゲーム」

僕の開発したゲームを紹介します。このゲームであなたのユーモアセンスは、楽しみながらみがかれます。

◎ゲームのねらい
「自分の気になっていることを言われて困ったこと」は誰にもあるでしょう。そんな時に、気の利いたユーモアで切り返してみたいと思ったことはないですか？　相手の言うことをそのまま全面的に認めるのではなく、無理なく明るい話に転換したいと。

そんな時にお勧めなのがこの「イエス、バット・笑点ゲーム」なのです。ゲームは簡単で、「おっしゃるとおりです。しかし、・・・・」と、相手の投げたボールを軽く流しつつ、自分の主張したいことをユーモアを交えて応えるゲームです。ポイントは「しかし」の後です。

相手を傷つけないで、上手に切り返すことができるかがゲームの面白さです。人気番組「笑点」の大喜利のように進めると教室内はとても盛り上がります。

◎ゲームの進め方
○ゲームの説明
1．「お題」を知らせる。
2．「おっしゃるとおりです、しかし、・・・」を各自考える。
3．各班で読み合い、一番面白い人を「セーノ、ドン」で選ぶ。
4．各班の代表者が前に出て、司会の進行に沿って発表をする。
5．みんなで「座布団」の数を決める。最高3枚。
6．司会がお題を出し、No.1を決める。
○ゲームをふり返り、感想を書く。

<◎「お題」と座布団3枚の作品〉
【お題1】
お母さんから「あなた、おねしょしたでしょ！」
＊座布団3枚の作品
『おっしゃるとおりです。しかし、ふとんに地図を描いて苦手な社会科の勉強をしようとがんばったのは分かってください。』
【お題2】
先生から「また宿題忘れたのか！」
＊座布団3枚の作品
『おっしゃるとおりです。しかし、先生の子どもの頃よりはましでしょう。聞くところによると…。』

クラスみんなで楽しんでくださいね。もちろん家庭でも。

ユーモア・センスはプラス思考から

「ユーモア力のある人」とは、いったいどのような人なのでしょうか。

僕は、「プラス思考の持ち主」だと思います。そして、「心に余裕のある人」だとも思います。つまり、「肯定的に物事を見て、心に余裕を持てる人」ということだと思います。

このような人は、自分がテストで悪い点数をとった時でも、「いやー簡単だったんで、油断してたら悪い点数とったんですよ。」こうやってユーモアで切り返しています。すばらしい！！

これとは逆に、いつも物事を否定的に見ていると、用心深くなり、その結果として心を閉ざし、暗くなってしまいます。周りの人間も知らず知らずのうちに、遠ざかってしまうものです。ユーモアも当然生まれてきません。

以下は、ユーモアの効果についてまとめたものです。ユーモア・・とても大切ですね。

「ユーモアには、こんな効果がある！」

○効果①「プラス思考が身につく」　　○効果②「心にゆとりが生まれる」

元気ハツラツ！
いつも前向きにファイト！！
失敗をくよくよしない！

テストが悪くても、これから勉強をがんばろう！
次は必ず100点だ！

○効果③「人が集まる」

人は明るい人に集まるよね。相手もその場も明るくするユーモアは大切だよ。人に興味を持って楽しくコミュニケーションをしよう！

ユーモアは人を傷つける「笑い」ではないんだ！いいユーモアは、人の話をよく聞くことから生まれてくるみたいだね。まずは「聞く」から始めよう。

33

単独力とは、積極的に自分からコミュニケーションをとる力！！

単独力

久我　朋子

―授業風景―

専門書も読んで、調べ中☆

単独力のある人の場合

単独力のない人の場合

単独力　7つのポイント

1. 公の言葉を身につける。（他者との関係を考える）
2. 好奇心を持つ。（「今」に満足しない自分をつくる）
3. 自分のオリジナルな表現を持つ。（自分らしさを大切にする）
4. 「私が〜」で常に自分をアピールする。（「主語」を自分にして責任を持つ）
5. 言葉を豊かにする。（体験を通して考えや気持ちを豊かにする）
6. 流行語の使いすぎに気をつける。（集団の中に隠れない）
7. 言い訳をしない。（自分に責任を持つ人になる）

33 単独力

1．「単独力」とはなんぞや！？

単独力とは、自分と違った立場や意見を持っている人とでも、積極的に自分からコミュニケーションをとろうとする強い気持ちや態度、技術のことです。

2．「え～」「だって…だもん」あなたは普段このような言葉を使っていませんか？

私のクラスで「言い訳をしたことのある人？」と聞くと、全員が手を挙げたのです。〈もちろん私も…〉

子どもだから言い訳をするのは当たり前…。でも今、言い訳をして問題から逃げる人は多いようですね。つまり、自分を守るばかりで、積極的に前進しようとしない人が多いということです。

次に流行語を使っている人！！

全員とはいいませんが、使っているほとんどの人が自分の思っていることを正しく主張できず、他の人に簡単に惑わされてしまう心の弱い人かもしれません。つまり、同じ歩調のグループ内でしか自分を表現することができなくなっていることが多いようです。

一歩前にでて表現する。たったこれだけのことだけれど、今の子どもたちにはこれが「たった」じゃないんです。

そこで必要なのが…『単独力』なのです！積極的に自分からコミュニケーションをとろうとする強い気持ちとそのための技術＝単独力が必要なのです。つまり、人と人との対話を支える強い意志や態度がどうしても必要になるのです。

3．単独力の条件とは？

①アナウンサーへのインタビュー！！

「表現」のプロから学ぼうとしました。

そこで、「言葉」を大切にされているアナウンサーにインタビューしました！子どもたちの表現の問題点をビシッと指摘してもらうためです。（実は…私のこと）

> Q：今の子どもの表現で足りないものは？
>
> A：たくさんの言葉は大切だが、生きた言葉、実感を伴った言葉、それらを増やすこと。自分の気持ちが動く、豊かになることとつながっている。いろんな素敵な物を見たり、音楽、絵、自分の好きなものにふれたりすると、自分の感情が広く豊かになる。楽しいことだけではなく、悲しいことも。それに伴って言葉は豊かになる。数だけを増やしても、自分が楽しんだり気持ちをこめたりできなければ自分が伝わらない、いろんな経験をたくさんしてほしい。日常を楽しむこと。お金はかけなくてもよい。いろんな方法があるはず。

さすがアナウンサー。するどい指摘がバンバンありました（私は…ヒヤヒヤ）。私が特に納得したことは、次の８つです。

> ・自分をアピールすることは大事である。
> ・自分らしい言葉、オリジナルな言葉、他の人にはない言葉を使う。
> ・本を読み、言葉を豊かにする。
> ・人を理解するためによく話を聞く。人にすぐに引きずられないことが大事。
> ・生きた実感を伴った言葉を増やす。

・価値ある経験、人との出会いを大切に。

・好奇心を持って何でもしてみる。

・苦手な人とも自分から関わってみる。

②本もたくさん読みました！！

２ページ前の写真からも分かるように、たくさんの本や雑誌を読みました。

・語彙量が少なく国語力が低下している。

・おしゃべりはできても改まった場でキチンと話せない。

こんな内容がたくさんありました。本を読んで分かったことは次の３つです。

☆言い訳はしない！
☆流行語を「簡単に」使いすぎない！
☆自分をアピールする気持ちを持て！

③自分の経験からも考えた！

自分の経験です。敬語や改まった場での話し方（公の言葉）を知らない人っていませんか？だれに対しても私語。こんな人いませんか？　私も時々…。

私の経験から単独力に必要な条件は、

☆公の言葉を身につける！

です。これは大人でも同じですよね？

４．単独力のポイント７か条

①公の言葉を身につける
②好奇心を持つ
③自分のオリジナルな表現を持つ
④「私が〜」「私から〜」で常に自分をアピールする
⑤言葉を豊かにする
⑥流行語の使いすぎに気をつける
⑦言い訳をしない

◎７か条の解説

■**①について。**公の言葉は一応私のクラスでは「50以上身につける」になっています。例えば、人にお願いをする時や報告をするときの話し方です。自分以外の他者とのかかわりを生み出すために必要なことです。おしゃべりばかりができてもダメなのです。

■**②について。**関心の幅を広げる（好奇心をもつ）は、「プレッシャーを発見したら『ラッキー♪』と思ってとびこんでいく」ぐらいのやる気がないとできないことです。失敗をおそれない「強さ」を育てなければいけません。

■**③について。**「自分のオリジナルな表現を持つ」ということは、ありきたりの言葉で気持ちや様子を語らないということです。「マジ」「超〜」「ムカツク」などといったあまり意味のない言葉を禁止しようということです！

■**④について。**「『私が〜』『私から〜』で常に自分をアピールする」とは、自分のプラス面を周りの人間関係を考えた上で発揮しようということです。「でしゃばる」のではなく、自分の持てる力を十分に発揮しようということです。

■**⑤⑥について。**⑤の「言葉を豊かにする」は、⑥の「流行語に気をつける」ができたら自然にできるようになります。言葉の量が少ないと自分からの表現する力も弱くなってしまいます。

■**⑦について。**「言い訳をしない」は「集団の中に隠れない」という意味と「たくましい気持ちの持ち主になる」という意味です。自分から価値のある人間関係を築いていけるようになるためには必要なことなのです。

☆☆☆☆☆☆☆☆☆☆☆☆☆☆☆☆☆☆

私の説明が少し難しく感じたかもしれません。ごめんなさい。次のページは私たちの学級の取り組みです。「いいな♪」と思う取り組みがあるといいのですが…。みなさんの参考になればうれしいです。

「単独力」をこうやって鍛えています

私たちの学級での取り組みです！「言葉」と「行為」を大事にしている私たちの世界です！

◆「世のため人のため」
　自分からよいことをして右のカードに書き、先生からコメントをもらって、下のボードにはりつけていくシステムです。
　1年間で100枚を突破します！明るく積極的な自分が育ってきます。

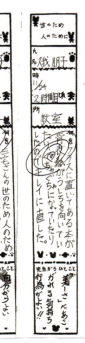

◆「あふれさせたい、なくしたい言葉」
　学期ごとにアンケートをとってはりだします。相手を思う気持ちも大きくなってきます。教室が落ち着いた雰囲気になります。

◆「学期目標」
　具体的な目標を立て、真剣に取り組みます。キーワードは、・自分から、・プラスの行為、です！

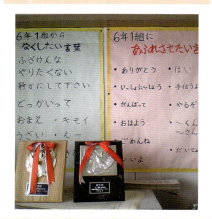

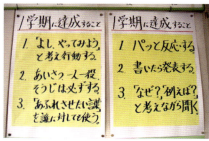

あなたのあたたかい優しい気持ちを、方言でも伝えよう！！

方言力

34

池尻　有希

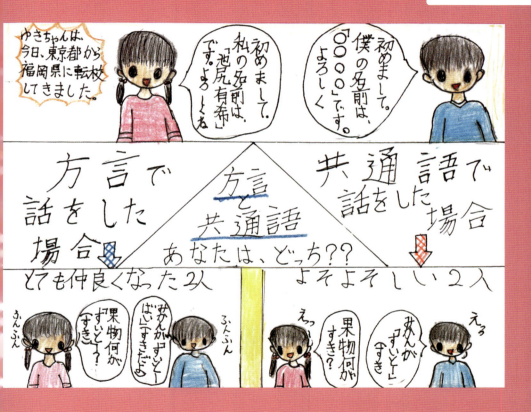

方言力　4つのポイント（メリット）

1．その人のあたたかい気持ちが伝わる。
2．必要に応じて方言を使うと友達も増え、仲間意識が強まる。
3．親しみが生まれ、初めて会った人とも緊張せずに会話ができる。
4．楽しく、優しくコミュニケーションを楽しめる。

34 方言力

1.「方言力」ってなんだろう？

方言力とは、スピーチや会話にあたたかさや仲間意識を生み出すために効果的に方言を取り入れて使える力のことです。

2．あなたは方言を使っていますか？

「一人だけ方言では恥ずかしい」「今どき方言なんて・・・」等と思い、無理に共通語で話してしまう時がありませんか？

そんな考えは間違いです。実は、方言を使うことは良いことなのです！今、渋谷の女子校生達にも方言ブームがおとずれているのです。各地の方言を会話に取り入れ楽しく遊んでいるらしいのです。

理由はともあれ使わないより使う方が良いのです。（その理由は後で詳しく述べます）今は、楽しんで使っているだけかもしれませんが、・・・。

方言はコミュニケーションにとって大切な役割をはたすのです。方言にはその人の気持ちも出てきます。そして、みんなともっと仲良くなれ、気持ちが通じ合うようにさせてくれる力があるのです。

3．私の調べ活動

これは、私が東京都から福岡県に転校してきた時の話です。
私：今日、給食食べた？
友達：食べたばい。すいとったばい。
私：………。

最初は東京で使っていた言葉を使っていたら仲間になかなか入れず、どこか友達との関係はよそよそしかったのです。

次の日勇気を出して言ってみました。
私：今日の給食、すいとったばい。
友達：うん、とてもおいしかったばい。

すると！友達の表情が急に明るくなり、その後の会話が盛り上がったのです。自然と仲間に入れた気がしたのです。

①くまごろうさんに突撃インタビュー

くまごろうさんってどんな人？

くまごろうさんは、全国各地で子どもたちに本の読み聞かせや楽しいゲーム、人形劇等をされている方です。現在は、福岡県黒崎の【子供の館】という市の施設を中心に活動されています。「くまごろうおじさん」という愛称で子どもたちの人気者なのです。お話がとっても上手で、1時間という時間があっというまに過ぎてしまいました。

Q：方言を会話に取りいれると？
A：初めて会った人でも、緊張せずに話が出来る。友達作りの魔法の言葉。

〈インタビューが終わってニッコリ〉

他に話していただいた方言のよさです。

> ①相手の気持ちがよく分かる。
> ②仲良くなれる。
> ③その人のあたたかさ、ぬくもりが出てくる。

②本からも調べました！！
　「コミュニケーションにとって方言は大切な一つ。方言を使っている人は、相手の気持ちが分かる優しい人になる。」このことを方言に関する本から学びました。

４．私が見つけた方言の良さ
①友達が増え、仲間意識も強まる
　３でも書いたように、転校して来た時共通語で話すと【よそよそ】しかったのが、地元の方言で話すと仲良しになれました。方言にはこんな力があるのです。
②あたたかさ、温もりが伝わる
　方言が会話に出てくると、相手とあたたかい気持ちを伝え合うことができるのです。表現の仕方がたとえ上手くなくても、通じ合えることができるのです。
③親しみが生まれる
　スピーチや会話をする時に方言を取り入れることで、聞き手や相手との距離が縮まり、親しみのあるコミュニケーションが自然に生まれてくるのです。
④楽しく優しい気持ちになれる
　方言を使うと心が「ほんわか」優しい気持ちになれます。時代や場所を自由に移動している感じもします。方言＝言葉の世界がどんどん広まり、友達との会話もいっそう楽しくなるのです。

５．私たちの学級の取り組み
　私たちの学級のちょっとした方言に関係した活動を大公開します。みなさんの学級やお家でもやってみませんか？

①４７都道府県のあいさつ
　「おはようございます」「さようなら」等の各地のあいさつを、「１日１県」ホワイトボードに書いて教室の入り口にかけています。あいさつが全国の方言なのです。

②集会「方言ゲーム」
　やり方は簡単です。方言とそれが使われている地方とを別々の紙に書き、「神経衰弱」のやり方で当てるゲームです。とてもシンプルなゲームですが熱中します。
③方言スピーチ・方言会話
　全国各地の方言を取り入れて話す時間を時々とっています。教室に笑顔があふれます。とても仲の良いクラスになります。
④町に飛び出せ！方言研究
　難しいと思うかも知れませんが、やってみると意外と簡単です。調べ方、研究の仕方は、地域のおじいさん、おばあさんを訪問するということです。会話の中に共通語を取り上げ、それに当てはまる方言をたずねるという楽しい活動です。
　私、方言すいとう！

全国の方言であいさつしてみませんか？

方言ブームが続いています。みなさんもこのブームの中で方言と仲良くなりませんか？
朝の「おはよう」のあいさつを例に、全国の方言のおもしろさを体験してみましょう！
全国に友達ができたような楽しさを経験できますよ！

「おはよーごし」（青森）
「おはやがんす」（岩手）
「おはえなっす」（山形）
「はえーなー」（福島）
「おはよーござんす」（長野）
「おひんなりあすばいたか」（富山、石川）
「おはよーごいす」（山梨）
「はないなもし」（愛知）
「おはよーさん」（大阪、奈良、京都、滋賀、大分）
「はやいなー」（三重）
「はやいのー」（和歌山）
「おはよーがんす」（徳島）
「おはよ」（島根）
「おはよーござす」（福岡）
「おはよーござんした」（佐賀）
「はえのー」（宮崎）

おわりに

みんなで楽しくこの本を作りました。読み手のことも考えながら、集中して一人ひとりが原稿を書いていきました。「作文」が「原稿」となった私たちにとって、この出版への取り組みは初めてのことばかりでした。

本を出版した。本屋さんの本棚に並ぶ。夢みたいです。そして、全国のいろんな人に読んでもらえるということが、今までにない「うれしい」になっています。また、不思議な感じもしています。

みなさん、「私たちの本」はどうでしたか？　ジューシーでおもしろかったですか？
私たちから、皆さんへお願いがあります。
・「コミュニケーション大辞典＝私たちとの出会い」を大切にしてくださいね。
・私たちといっしょに「コミュニケーションの達人」をこれからもめざしましょうね。
約束ですよ！！

取材の中で、インタビューに答えてくださったたくさんの方に感謝しています。おかげでこのような立派な「本」ができあがりました。本当にありがとうございました。
出版社の方、私たちの学習をこんな素敵な「本」にしてくださってありがとうございました。一生の宝物ができました。
最後まで励まし続けて応援してくださった多くの方々、その都度あたたかさを感じました。ある時は、「やっぱりできないかも・・」と思ったこともありました。けれど、応援していただいて「がんばろう！！」という気になれました。そして、今、「ゴール」しました。

たくさんのたくさんの「ありがとう」で、私たちの中はいっぱいにあふれています。
たくさんの方に支えていただいていることを幸せに思っています。

この４月からはもう中学生。小学校ともお別れです。菊池先生とも離れてしまいます。
少しさみしい気持ちもします。でも、今回のこの体験を無駄にはしません。
「コミュニケーション大事典」を宝物にして、これからもたくさんの人との出会いをしていきます。
人と伝え合うために大切な「相手に対する思いやりの心」を忘れないで、素直な成長をこれからもしていきます。

北九州市立香月小学校６年１組を代表して
江田　千亜紀

◆参考にした主な本

- 「とっておきの道徳授業」　佐藤幸司編著（日本標準）
- 「齋藤孝のガツンと一発シリーズ第6巻」　齋藤孝著（PHP研究所）
- 「話す日本語」　鈴木健二著（海竜社）
- 「一目でわかる！！図解版口のききかた」梶原しげる著(PHP研究所)
- 「気持ちが伝わる声の出し方」　絹川友梨著（角川書店）
- 「ミニネタ＆ワークショップで楽しい道徳の授業を創ろうよ」土作彰著
  （学陽書房）
- 「なぜこのオッサンの話はおもしろいのか！？」山形琢也著(すばる舎)
- 「池上彰の情報力」池上彰著（ダイヤモンド社）
- 「話すこと・聞くことワークシート」　石井淳編集(学事出版)
- 「国際人をめざせ！コミュニケーションの達人①スピーチ」監修／菊池省三(フレーベル館)
- 「調べ学習の達人になる方法」監修／中村司(ポプラ社)
- 「樋口式『頭のいい人』の文章練習帳」樋口裕一著（宝島社）
- 「日本語なるほど塾2005年4／5月」（NHK出版）
- 「さんま大先生に学ぶ　子どもは笑わせるに限る」上條晴夫編
  （フジテレビ出版）
- 「「分かりやすい説明」の技術」藤沢晃治著（講談社）
- 「ザ・方言ブック」コトバ探偵団編著（日本文芸社）
- 「わかりやすく話す！技術」松本幸夫著（すばる舎）
- 「ちかっぱめんこい方言練習帳」かわいい方言で日本を幸せにする会【編】
  （主婦と生活社）
- 「人前で話す基本」杉澤陽太郎著（祥伝社）
- 「頭にくる上司、手をやく部下との対話術」福田健著（成美文庫）
- 「はじめてのディベート」西部直樹著（あさ出版）
- 「説明上手になれる本」髙嶌幸広著（PHP研究所）
- 「話ベタを7日間で克服する本」松本幸夫著（同文舘出版）
- 「説得力を7日間で鍛える本」松本幸夫著（同文舘出版）
- 「論理的な表現力を育てる学習ゲーム」上條晴夫編著（学事出版）
- 「「議論力」が身につく技術」西部直樹著（あさ出版）
- 「きっと相手の心がつかめる自己表現法」佐藤綾子著（PHP文庫）
- 「小学校国語の学習ゲーム集」上條晴夫・菊池省三編著（学事出版）
- 「話のおもしろい人、つまらない人」高嶋秀武著（PHP研究所）
- 「人前でじょうずに話せる本」ライフ・エキスパート〔編〕
  （河出書房新社）
- 「質問力」飯久保廣嗣著（日本経済新聞出版）
- 「最強の質問力」工藤浩司著（実業之日本社）

- 「音読・朗読・群読の授業づくり」上條春夫編著　（学事出版）
- 「伝える力」久恒啓一著（すばる舎）
- 「仕事ができる人の話す力」江川純著（三笠書房）
- 「コメント力」齋藤孝著（筑摩書房）
- 「世界最速『超』記憶法」津川博義著（講談社）
- 「お笑い会話力」滝沢ユウキ著（秀和システム）
- 「説得力」赤木昭夫著（NHK出版）
- 「究極のメモ術」竹島愼一郎著（ぱる出版）
- 「コミュニケーションの日本語」森山卓郎著（岩波ジュニア新書）
- 「『上手な話し方』が自然と身につく４５の法則」金井英之著（こう書房）
- 「ＮＨＫアナウンサーの　はなす　きく　よむ」（NHK出版）
- 「相手を必ず納得させる『わかりやすい説明』のテクニック」大嶋友秀著(永岡書店)
- 「その道のプロが鍛える実戦『会話力』!!」知的生活追跡班編（青春出版社）

◆参考にした主なテレビ番組
- 「報道ステーション」（テレビ朝日）
- ＮＨＫニュース（ＮＨＫ）
- ＮＨＫ北九州「ニュースシャトル」（ＮＨＫ）
- ＮＨＫ「サンデースポーツ」（ＮＨＫ）
- 「電車男」（フジテレビ）
- 「危険なアネキ」（フジテレビ）
- 「徹子の部屋」（テレビ朝日）
- 「さんまのまんま」（フジテレビ）
- 「１リットルの涙」（フジテレビ）
- 「笑っていいとも」（フジテレビ）
- 「笑点」（日本テレビ）

執筆者名簿

平成17年度　北九州市立香月小学校　6年1組

藤原　麻奈美	井口　和彦	藤川　優梨	田頭　ひとみ
今井　知恵	窪田　玲依良	中村　祐樹	前澤　智弘
吉田　彩花	中村　心	森　康平	久我　朋子
堀江　夢愛	森山　姫子	田中　七津美	池尻　有希
青木　彩香	小田　恭平	古賀　俊貴	
三宅　彩香	甲斐田　奈央登	石松　京介	
金山　侑樹	吉田　稚菜	阿部　淳	
山下　由依子	佐野　拓磨	戸田　万耶	
江田　千亜紀	羽生　宏樹	白川　稜也	
日髙　利行	内野　侑妃	谷　龍太郎	

<監修者紹介>
菊池　省三（きくち　しょうぞう）

愛媛県出身。現在、北九州市立香月小学校勤務。
全国教室ディベート連盟研究開発委員。NPO授業づくりネットワーク理事。
九州地区教室ディベート連盟専門委員。道徳授業改革集団・福岡代表。
北九州地区の先生方を中心とした研究サークル「実践教育研究２１サークル」代表。
平成16年・第１回北九州市すぐれた教育実践教員表彰（北九州市教育委員会）
平成17年・第３回福岡県市民教育賞受賞

★著書関係
監修「国際人をめざせ！コミュニケーションの達人」全４巻（フレーベル館）
編著「小学校国語の学習ゲーム集」（学事出版）
共著「話し合い・討論・ディベートの学習」（明治図書）
　　「生きてはたらく国語の力を育てる授業の創造」（ニチブン）
　　◆教育雑誌「国語教育」「実践国語研究」「心を育てる学級経営」「現代教育科学」
　　（以上明治図書）
　　「授業づくりネットワーク」（学事出版）、「教育技術」（小学館）、
　　「とっておきの道徳授業」（日本標準）、「健康教室」（東山書房）
　　他に原稿を多数執筆

★マスコミ関係
<テレビ・ラジオ>
・ＮＨＫ教育「わくわく授業～聞くから始まるコミュニケーション～」H16
・ＲＫＢ「ニュースワイド特集～話す力・聞く力を育てる～」H16
・ＦＢＳ「ＦＢＳニュース特集～小学生・ディベートの挑戦～」H9
・ＮＨＫ北九州放送局「シャトル北九州」（学級メルマガ）H15
・ＮＨＫラジオ「素敵な話し言葉」H8
・ＮＨＫ北九州放送局「シャトル北九州」（ディベートの達人）H17

<新聞>
・2002年10月24日朝日小学生新聞1面「キッズ発メルマガ目指すよ日本一」
・2004年11月19日朝日新聞夕刊1面「学級通信　メルマガで」
・2004年4月2日　西日本新聞朝刊「対話力養成本を刊行　北九州の菊池教諭」
・2004年4月10日　朝日小学生新聞「新刊ガイド」「伝え合う力を育てる『コミュニケーションの達人』」
・2004年6月13日朝日新聞朝刊[全国版]「心の暴走どう防ぐ」
・2004年10月5日～9日朝日新聞[全国版]「がっこう　2004」5回シリーズ

★以上の経歴は、平成18年3月10日の初版発行当時のものです。

【発行の経緯】
①2006 年 (平成 18 年)3 月、「小学生が作った　コミュニケーション大事典」
を有限会社あらき書店より発行。
②2014 年 (平成 26 年)4 月、①を底本として、判型を A ４判から B ５判に変
更し、株式会社中村堂より復刻版を発行。
③2024 年 (令和 6 年)10 月、②を底本として、判型を B ５判から A ５判に変
更し、「コミュニケーション 34 の力」と改題し、株式会社中村堂より発行。

コミュニケーション 34 の力
【改題】小学生が作ったコミュニケーション大事典

2024 年 10 月 1 日　第 1 刷発行

　著　／北九州市立香月小学校　平成 17 年度 6 年 1 組 34 名
監　修／菊池省三
発行者／中村宏隆
発行所／株式会社　中村堂
　　　　〒104-0043　東京都中央区湊 3-11-7
　　　　　湊 92 ビル 4F
　　　　Tel.03-5244-9939　Fax.03-5244-9938
　　　　ホームページ　http://www.nakadoh.com
ＤＴＰ／株式会社中村堂
印刷・製本／日本ハイコム株式会社

Ⓒ Syozo Kikuchi 2024
◆定価はカバーに記載してあります。
◆乱丁・落丁の場合はお取り替えいたします。
◆本書の一部または全部を無断で複写、転載することは、著作権法上の例外を除き禁止されています。

ISBN978-4-907571-97-9

中村堂「コミュニケーション科叢書」

コミュニケーション科叢書①
温かい人間関係を築き上げる「コミュニケーション科」の授業

7つのカテゴリーで「コミュニケーション科」の授業を提案
　①人との関わり　②言葉への興味・関心　③即興力
　④自分らしさ力　⑤対話・話し合い力
　⑥個と集団を育てる議論力　⑦社会形成力
- 著：菊池省三、菊池道場
- 定価2,200円(本体2,000円+税10%)
- ISBN978-4-907571-73-3　　●A5判　224ページ

コミュニケーション科叢書②
社会を生きぬく力は小学校1時間の授業にあった

菊池省三氏の授業を、①教育カウンセリング　②コミュニケーション心理学(NLP理論)③選択理論心理学　④チームビルディング(統合組織開発)　の視点で徹底分析!!
- 著：菊池省三、菊池道場
- 定価2,750円(本体2,500円+税10%)
- ISBN978-4-907571-77-1　　●A5判　220ページ
- YouTube動画視聴特典付

コミュニケーション科叢書③
「5分の1黒板」からの授業革命
新時代の白熱する教室のつくり方

「高段の芸」と言われた討論の授業を先達の指導の成果に立ち、だれでもできる新時代の指導として全面開示。「5分の1黒板」の全てを1冊に凝縮!!
- 著：菊池省三、菊池道場徳島支部
- 定価2,750円(本体2,500円+税10%)
- ISBN978-4-907571-80-1　　●A5判　202ページ
- YouTube動画視聴特典付